Droit de la concurrence applicable au Sénégal et en Afrique de l'Ouest

Khaly Adama Ndour

Droit de la concurrence applicable au Sénégal et en Afrique de l'Ouest

Sénégal
L'Harmattan

Du même auteur :

La portée du droit conféré à l'obtenteur sur le développement agricole, éditions Lotus Bleu, Montréal, 2007.

10 VDN, Sicap Amitié 3, Lotissement Cité Police, DAKAR

http://www.librairieharmattan.com
harmattan1@wanadoo.fr

ISBN : 978-2-343-11593-1
EAN : 9782343115931

DÉDICACE

À ma fille, Aminata Adama

Remerciements

Je remercie ma dévouée épouse pour son aide précieuse.

J'associe à ces remerciements mes assistantes (ambassades du Sénégal à Varsovie et à Accra) pour leur généreuse contribution à la mise en forme de l'ouvrage.

Avant-propos

Cet ouvrage est une analyse de règles éprouvées par la pratique, mais aussi et surtout des normes constitutives de nouvelles initiatives de libéralisation des échanges ou de constructions communautaires.

Dans de nombreux cas, l'analyse de la situation amène à une projection sur le futur, car les juridictions n'ont pas encore eu l'occasion de se prononcer sur le sens et la portée des normes ; d'où la référence fréquente à la méthodologie de l'analogie entre les positions du juge européen et les réactions probables de ses homologues africains sur les mêmes questions.

Il est également le fruit d'un vécu en cabinet d'avocats et d'une expérience en négociations internationales complétées par la recherche et l'enseignement.

Ainsi, il s'adresse à la fois aux praticiens du droit, aux diplomates et aux étudiants. Ces trois groupes cibles sont dans l'environnement socio-professionnel de l'auteur.

Pour les praticiens, le droit de la concurrence appelle une culture certaine en économie et une réelle aptitude à l'interdisciplinarité.

En effet, la pratique du droit de la concurrence oblige à sortir des catégories juridiques classiques pour envisager des relations qui considèrent des concepts économiques non formalisés par le droit commun.

Il est également requis d'organiser des vases communicants entre les grandes divisions du droit : le droit public et le droit privé.

Au demeurant, à l'intérieur du droit privé, par-delà les destinataires des règles, il conviendrait d'envisager le marché dans une approche holistique et de mettre en synergie les différents corps de règles qui ont vocation à y trouver application.

Les règles du droit de la consommation et celles du droit de la propriété intellectuelle interagissent avec les règles du droit de la concurrence pour assurer ensemble la réalisation des finalités par elles poursuivies.

Une bonne culture juridique est une exigence impérieuse pour la pratique de la matière. Celle-ci ne souffre pas l'enfermement dans une discipline de spécialisation.

Pour les diplomates, en ce qu'ils sont des négociateurs principaux ou associés aux processus d'ouverture des marchés et à la promotion du développement par le commerce, à l'incitation à la création technologique, dans le contexte de l'ONU, de ses institutions et agences spécialisées pertinentes (Organisation Mondiale de la Propriété intellectuelle – OMPI –, Conférence des Nations Unies sur le Commerce et le Développement – CNUCED –, Chambre de Commerce international – CCI –, Organisation Mondiale du Commerce – OMC, instance principale de configuration du système commercial multilatéral).

La négociation n'est plus un cérémonial de courtoisie, elle est devenue une activité de construction normative. On gouverne par la règle de droit. Cette maxime est également valable en diplomatie.

Il en est de même de l'organisation des marchés communs régionaux (UE, UEMOA, CEDEAO) dont le but proclamé est de promouvoir le commerce à l'intérieur des espaces géographiques concernés par l'harmonisation des règles et l'organisation d'un jeu de concurrence sain et transparent entre les offreurs.

Pour les étudiants : dans la méthodologie de rédaction de cet ouvrage, il est également tenu compte des besoins d'initiation des apprenants en droit et des futurs managers aux règles du marché, en vue de les préparer à la définition, à l'élaboration et à la mise œuvre d'une stratégie de conquête et de fidélisation de la clientèle sans exposer judiciairement leurs entreprises à des sanctions préjudiciables à leur développement.

Ils doivent disposer des connaissances de base propres leur permettant de prendre des mesures conservatoires urgentes, telles la dénonciation d'une pratique anticoncurrentielle auprès de l'autorité de la concurrence ou une action en justice aux fins de cessation d'un acte de déloyauté, préalablement à une procédure en réparation.

PARTIE I

PRÉSENTATION GÉNÉRALE, SOURCES ET CADRE INSTITUTIONNEL

Historiquement, le droit de la concurrence apparaît aux États-Unis d'Amérique.

Le droit du marché est une caractéristique essentielle de l'économie libérale, il n'est pas étonnant que l'Amérique en soit le berceau.

En effet, c'est dans ce pays que les préoccupations de base de cette discipline ont eu le plus grand écho politique. Et conséquemment, de nombreuses initiatives législatives furent prises pour assurer un fonctionnement toujours concurrentiel de l'économie américaine.

Des combats épiques y furent menés pour lutter contre toutes les tentatives de contrôle monopolistique du marché de production et de distribution des produits essentiels à l'économie du pays.

L'affaire « Standard Oil »[1] fut une occasion historique pour les gouvernants de poser des balises législatives, en vue de prévenir les dérives d'un marché non contrôlé ; le tout procède d'un souci de gouvernance transparente du marché.

---

[1] La Standard Oil était un « trust » appartenant à John D. Rockefeller. Elle fut démantelée en 1911 en 34 entreprises, après une initiative parlementaire.

Ainsi donc, fut adopté le *Sherman Antitrust Act*[2], en 1890. Il fut la première grande loi de régulation de la concurrence dans l'histoire moderne du droit.

Techniquement, le droit de la concurrence est un droit carrefour, le point de confluence de plusieurs disciplines du droit, notamment le droit pénal, le droit commercial, le droit de la propriété intellectuelle, le droit de la consommation et le droit administratif.

De nombreux juristes considèrent le droit de la concurrence comme inclassable dans les divisions classiques de la doctrine. De par son caractère composite ; il échappe à **la summa divisio.**

De notre côté, nous observons ce qui suit :

• *Le droit de la concurrence étant par essence un droit du marché, de par la finalité de ses règles et des justiciables visés (les entreprises dans leurs activités de conquête de parts de marché), nous tenons pour acquis que le droit de la concurrence est une composante du droit commercial.*

Par conséquent, il relève du droit des affaires et du droit privé.

Au demeurant, l'intervention des autorités administratives de la concurrence n'est pas un élément suffisant de remise en cause de cette classification.

La pertinence de l'analyse est dans la considération du rapport de droit en cause. Et de ce point de vue, il n'y a nul doute que le droit de la concurrence régit des rapports entre particuliers.

Dans cette même veine, on remarque que l'intervention administrative est plus présente dans les processus contrac-

---

2 Le Sherman Antitrust Act a été adopté en 1890 : il fut repris par le United States Code (USD), à l'article 15.

tuels en matière de travail ; et pourtant, cela n'autorise pas les juristes à classer cette matière dans le droit administratif. Le droit du travail régit des rapports privés. Son caractère interpelle l'ordre public et appelle l'intervention administrative.

Mutatis mutandis, l'autorité administrative de la concurrence est appelée dans les causes concernant des rapports privés.

• *Le droit de la concurrence n'est pas une superposition de règles empruntées aux disciplines confluentes. Loin s'en faut ! Celles-ci l'inspirent, l'influencent, mais ne la constituent pas.*

• *Le droit de la concurrence a ses règles propres qui interagissent en fonction de la situation du marché et des objectifs de politique économique. Son essence ne procède pas de l'addition de différentes composantes, mais plutôt de l'interopérabilité des sous-ensembles.*

• *L'évolution moderne du droit de la concurrence et sa place de choix dans l'arsenal juridique des constructions communautaires, notamment dans le contexte de l'UE, font qu'il est souvent associé au droit communautaire.*

• *En vérité, le droit de la concurrence est au cœur du droit communautaire. Sans exagération métaphorique, on peut proclamer que le droit de la concurrence est au marché commun ce que le soleil est au système solaire.*

Malheureusement, cette évidence demeure relativement méconnue dans les stratégies diplomatiques de certains États. Dans certains cas, c'est le manque de culture juridique de certains acteurs diplomatiques de premier plan qui en est le vice fatal.

Plan : pour introduire la matière, il conviendrait de consacrer quelques développements à la terminologie, souvent empruntée aux sciences économiques et aux doctrines de base du libéralisme économique.

Bien évidemment, comme dans toute présentation de nature juridique, l'identification des sources est nécessaire. De ce point de vue, le droit positif de la concurrence au Sénégal est marqué par une superposition des paliers générateurs de normes.

Droit éminemment conflictogène de par la diversité des sources et des autorités de mise en œuvre, il requiert des efforts particuliers pour déterminer la compétence juridictionnelle et normative. Au demeurant, les solutions adaptées doivent toujours prendre en considération la cohérence de l'ensemble intersystémique (droit national plus les deux systèmes communautaires UEMOA et CEDEAO et éviter les distorsions dans l'application, et ce, au-delà même de l'espèce.

Le praticien qui exerce en droit de la concurrence doit s'approprier les techniques de résolution des conflits de compétence juridictionnelle. La détermination de la compétence est souvent plus importante que la mise en œuvre de la règle de fond.

En effet, du point de vue du fond, il y a très peu de disparités entre les différents régimes normatifs. Malgré tout, les solutions applicables peuvent être contradictoires, eu égard à la culture juridique des juges saisis et du niveau d'abandon de souveraineté des États membres de la communauté économique concernée.

CHAPITRE I

FONDEMENTS THÉORIQUES ET DÉFINITION DU DROIT DE LA CONCURRENCE

Avant d'aborder la définition du droit de la concurrence et, subséquemment, la délimitation de son champ relativement aux disciplines voisines (section II), il est utile voire nécessaire de consacrer quelques développements aux éléments de la théorie économique qui constituent à la fois les déterminants et les matériaux de construction des règles qui forment la matière (section I).

SECTION I :
TERMINOLOGIE ET DOCTRINES ÉCONOMIQUES AFFÉRENTES AU DROIT DE LA CONCURRENCE

Tout dans le droit de la concurrence renvoie à la doctrine économique du libéralisme. Elle inspire les règles et détermine la terminologie usitée.

Du point de vue des recherches académiques et de l'analyse doctrinale, on a pu soutenir, avec raison, que le droit de la concurrence est dominé par des « juristes formés à l'analyse économique ou par des économistes formés au droit »[3].

Aussi, les termes n'ont pas toujours la même portée juridique qu'en droit commun. Il faut toujours les analyser à

[3] D. Mainguy, J.-L. Respaud et M. Depincé, *Droit de la concurrence*, Lexis Nexis, 2010, p. 14.

la lumière des techniques et pratiques des sciences économiques.

I-De la terminologie usuelle

Il ne s'agit pas d'un exercice de compilation de tous les termes ayant un sens particulier.

Il s'agit plutôt d'en sélectionner un certain nombre dont la bonne compréhension permet une interprétation correcte des lois et un raisonnement rigoureux pour trouver solution aux dossiers de contentieux de la concurrence.

Le sens des mots et, en l'occurrence, des concepts économiques, est un enjeu important pour l'application de la règle de droit de la concurrence.

En effet, l'interprétation et l'application de la loi constituent deux phénomènes indissociables et successifs[4]. On eut dit qu'elles vont de concert.

1-Concurrence

La concurrence est, en termes simples, une situation de rivalité entre plusieurs personnes et/ou entités.

Selon le contexte, les acteurs font usage soit de moyens de séduction, soit de moyens plutôt agressifs.

Il semble que la rivalité, autrement dit la concurrence, soit un état naturel.

Les sociétés modernes seraient singulièrement marquées par leur caractère concurrentiel. C'est le but recherché qui, au fond, varie en fonction du contexte.

En l'espèce, le contexte pertinent est celui du marché des biens et des services.

---

[4] P.-A. Côté, *Interprétation des lois*, éditions Themis, 2001.
Ou : « Trois conceptions des rapports entre la rédaction de la loi et son interprétation », CRJ, 7 avril 2016.

À cet égard, la concurrence pourrait, entre autres, être définie comme la situation commerciale caractérisée par une compétition entre des entreprises pour vendre des biens et/ou des services identiques, similaires ou substituables ; chacune de ces entreprises cherchant à attirer les faveurs de la clientèle.

Le lieu de cette bataille ou compétition est le marché. Il ne faudrait pas assimiler « **le marché** » au seul lieu physique. Ce serait une approche réductrice.

Le marché est une notion intellectuelle qui renvoie à toute situation de rencontre entre offres et demandes.

Ce concept est primordial pour la compréhension du droit de la concurrence. La notion de marché est une balise pour déterminer si, oui ou non, on est dans une situation de concurrence.

Aussi convient-il de partager la description qui en est faite par les auteurs Mainguy, Respaud et Depincé, qui estiment que « dans ces conditions, la concurrence peut être perçue comme une donnée politique et économique, une liberté qui permet à des opérateurs économiques de s'affronter dans la conquête d'une clientèle sur un marché ». Et ils précisent que cette « liberté est fille de la liberté de commerce, de la liberté contractuelle et de la reconnaissance du droit de propriété. En même temps, cette liberté doit, comme toutes les autres libertés, être affirmée, garantie et encadrée par des règles étatiques afin de bénéficier d'un régime véritable »[5].

Pour les mêmes fins, il est tout aussi important de comprendre les notions qui sont utilisées ci-dessous pour définir la concurrence.

[5] D. Mainguy, J.-L. Respaud et M. Depincé, *op. cit.*, p. 1.

2-Notion de biens et de services

Le marché, envisagé comme processus d'échange, porte sur des biens et des services. Ces deux notions sont donc les clefs de voûte du marché. Très souvent, elles déterminent la qualification de nombreux contrats d'affaires, notamment le contrat de vente et le contrat de travail.

En droit de la concurrence, la solution aux dossiers contentieux dépend souvent de la délimitation du marché en cause du produit ou du service considéré.

De plus amples développements seront consacrés à la notion de marché en cause.

A-Notion de biens

De manière générale et en économie, un bien est une chose ayant une valeur économique et donc échangeable sur un marché.

En pratique, on considère comme un bien une chose commercialisable.

En droit, le bien c'est toute chose susceptible d'être le siège d'un droit de propriété ou un de ses démembrements.

Pour le moment, il faut envisager le bien sous l'angle économique, en vue de pouvoir le comparer à la notion de service. Le bien serait donc, en référence à la terminologie de l'OMC, une marchandise.

Dans la typologie traditionnelle du droit, on distingue les biens corporels des biens incorporels (exemple : les droits de propriété intellectuelle). Les biens peuvent être immeubles ou meubles. Et tout ce qui n'est pas immeuble est meuble, qu'il soit corporel ou incorporel.

B-En ce qui a trait au service

Il s'agit d'une prestation, autrement dit l'exécution au profit d'une clientèle, d'un savoir-faire.

Ce savoir-faire peut être d'un niveau hautement technologique ou être simplement rudimentaire.

Un service est donc une prestation quelle qu'elle soit, de nature industrielle, commerciale, professionnelle.

Dans ce domaine, la connotation physique est moins présente, encore qu'elle n'est pas totalement absente. Exemple : peindre une maison ou, de manière plus complexe, faire appel aux services d'un professionnel comme un architecte ou un ingénieur en génie civil. C'est une prestation dont le résultat physique est visible et pourtant ce n'est pas un produit vendable en soi et indépendamment de l'exécution d'une expertise attachée à une personne que l'on nomme généralement, en droit, l'homme de l'art ou l'homme du métier.

La réalisation d'un service peut ne pas avoir de visibilité physique : les services d'un avocat ou d'un comptable.

À la fin du 20e siècle, le commerce des services a pris une part de plus en plus croissante dans l'économie mondiale. Aussi, dans le contexte de l'OMC, l'Accord général sur le commerce des services a été adopté pour valoir un pendant du Gatt de 1994 relativement à la libéralisation du commerce mondial des services.

3-Similarité

Cette notion doit être approchée en fonction de la matière. Si l'on se réfère au droit de la propriété intellectuelle, de manière générale, sont similaires des produits qui présentent un risque de confusion de la part du consommateur. La similarité est tout de même sujette à une grande variabilité. Ainsi, dans le domaine des dessins et modelés, elle se manifeste par la forme des produits, tandis que dans le domaine du brevet, c'est la fonction technique qui est l'élément de référence.

Autant il est important de tenir compte de la similarité des produits pour analyser une situation concurrentielle, autant celle-ci est difficile à établir théoriquement et en dehors des faits d'une cause. C'est ce qui a amené l'organe d'appel de l'OMC à élaborer la belle image de l'accordéon, désormais célèbre au sein de la communauté juridique de l'OMC. Selon cet organe, « le concept de similarité a un caractère relatif qui évoque l'image d'un accordéon. L'accordéon de la similarité s'étire et se resserre en des points différents au gré des différentes dispositions de l'accord de l'OMC qui sont appliquées ».[6]

La similarité renvoie à l'identité.

4-Substituabilité

Évidemment, cette notion ne met pas en cause une ressemblance ou un risque de confusion de la part du consommateur. La substituabilité est plus complexe car elle fait appel à la réaction du consommateur relativement à ses choix pour satisfaire un besoin.

Sont substituables deux produits qui, du point de vue du consommateur, sont interchangeables.

Si nous prenons pour acquis que le consommateur est une personne raisonnable, il ne se borne pas à comparer les produits identiques, mais la substituabilité prend également en considération les produits pouvant avoir un effet équivalent.

Ainsi, après un dîner au restaurant et si l'on désire prendre un digestif, on pourrait non seulement comparer les cafés proposés, mais aussi les cafés et les thés. Pareillement, dans le domaine des services de transport, le consommateur compare les tarifs des bus avec celui du train

---

[6] Rapport de l'organe d'appel dans l'affaire dite Japon/taxes sur les boissons alcoolisées, 4 octobre 1996.

de banlieue, des taxis collectifs et, éventuellement demain, des taxis maritimes.

La substituabilité est donc prise en compte pour déterminer, dans une affaire, ce que l'on désigne sous le vocable de « marché en cause », concept qui fera l'objet d'analyse et de développements ultérieurement.

La substituabilité réfère à l'équivalence d'effets.

5-Entreprise

L'entreprise en question ne se définit pas en fonction de la typologie usitée en droit des sociétés commerciales, qui fait appel à la forme juridique. En l'espèce, on ne vise que l'entité sociale et économique qui opère sur un marché pertinent, en qualité d'offreur de biens ou de services, et ce, - ou moins organisées, d'une société ou de tout autre groupement.

Le Code du travail du Sénégal précise que « l'entreprise comprend un ou plusieurs établissements formés d'un groupe de personnes travaillant en commun en un lieu déterminé sous une autorité commune ».

En jurisprudence européenne « la notion d'entreprise comprend toute entité exerçant une activité économique, indépendamment du statut juridique de cette entité et de son mode de financement »[7].

Il faut donc souligner que l'absence de personnalité juridique n'est pas un obstacle à l'application de la règle de droit de la concurrence.

La considération principale relève de la conception économique de l'entreprise.

---

[7] CJE, 28 juin 2005, affaire C-189-02P.

II-Théories économiques afférentes à la concurrence

La concurrence telle que définie ci-dessus est l'âme de l'économie de marché. Elle est à l'économie de marché un principe fondateur et une fonctionnalité directrice. Sans concurrence, pas de marché au sens de la doctrine du libéralisme économique.

Pour les pères fondateurs de cette doctrine, la concurrence est le moteur de la dynamique de marché. Elle serait un phénomène naturel de régulation du marché ; lequel n'appellerait pas une intervention publique. Cette théorie est éloquemment exprimée dans la notion fleurie de « main invisible de Dieu »[8] d'Adam Smith.

En vérité, le droit de la concurrence a une approche différente.

La régulation est une activité publique nécessaire à l'équilibre des dynamiques de marché.

Au lieu de « laisser faire », l'autorité publique doit assurer une veille sur le jeu régulier des phénomènes d'offres et de demandes.

D'ailleurs, une des constructions théoriques les plus séduisantes de cette doctrine est sans aucun doute celle de la concurrence pure et parfaite.

1-De la concurrence pure et parfaite

Avant d'expliquer le contenu de cette notion, il convient de préciser que cette construction intellectuelle vise un idéal quasiment irréalisable dans les faits.

---

[8] Adam Smith, in « Recherche sur la nature et les causes de la richesse des Nations », 1776.

En effet, la concurrence pure et parfaite est souvent décrite comme une situation idyllique dénuée de toute réalité économique.

Cependant, ce concept sert grandement à l'analyse théorique et explicative du marché.

Il y a concurrence pure et parfaite quand les cinq conditions ci-après sont réunies :

A-L'atomicité du marché

En utilisant un terme qui renvoie à l'infiniment petit dans le règne physique, les théoriciens de la concurrence pure et parfaite ont simplement voulu envisager un marché avec le plus grand nombre de joueurs du côté de l'offre comme du côté de la demande. Un tel émiettement du marché devrait rendre impossible tout contrôle du marché par un joueur. Aussi, le prix serait exclusivement déterminé par la loi dite naturelle de l'offre et de la demande.

L'atomicité rend très improbables les ententes collusoires, notamment en matière de détermination du prix.

Elle est également un élément de garantie de l'effectivité du droit au choix du consommateur, car elle élargit la gamme de choix de celui-ci.

B-L'Homogénéité

Pour la théorie économique, des produits sont homogènes lorsqu'ils sont identiques ou lorsqu'ils présentent les mêmes caractéristiques et les mêmes pertinences. Et conséquemment, ils peuvent se faire concurrence dans la mesure où ils visent la satisfaction des mêmes besoins.

Dans la terminologie du droit de la propriété intellectuelle, sont homogènes des produits présentant les mêmes caractères pertinents. Il s'ensuit qu'il pourrait exister des différences minimes sans influence sur l'essence même du produit et, par conséquent, indifférentes relativement au choix du consommateur.

C-La libre entrée sur le marché

Tout acteur économique doit avoir la possibilité d'entrer sur le marché pour acheter ou pour vendre. Il doit avoir également celle se retirer librement du marché. Pour une entreprise nouvelle, il ne doit pas exister de barrières ou d'obstacles à son implantation ni, par la suite, à son activité de production. Aussi doit-il pouvoir se retirer du marché, s'il le juge nécessaire. En termes économiques, on parle d'un marché fluide.

Dans l'économie moderne, il faut noter l'existence de secteurs protégés pour des raisons de santé ou de sécurité, d'où l'exigence de permis d'exercer pour des professionnels comme les avocats, les médecins ou les architectes.

Dans certains cas, l'expertise n'est certes pas requise, mais il faut un contrôle administratif qui appelle la délivrance de licence. C'est le cas pour la vente d'armes à feu et pour l'exploitation des débits de boissons alcoolisées au Sénégal.

Dans ces marchés donc, il n'y a pas de liberté d'entrée. Il ne peut y avoir de concurrence pure et parfaite.

D-La transparence du marché

Sans transparence, il n'y pas d'égalité de traitement entre les concurrents. L'ordre concurrentiel serait affecté.

La transparence est donc un élément important du marché concurrentiel et participe grandement à sa gouvernance.

Elle a trait à l'information commerciale. Elle postule que les joueurs concernés soient tous au même niveau d'information, relativement à l'offre et à la demande.

Par ailleurs, il n'y a aucune opacité au sujet des données pouvant déterminer leur comportement commercial. L'information doit être accessible et gratuite pour tout le monde.

Cette condition technique pour qualifier un marché de concurrence pure et parfaite est, au demeurant, au cœur de la régulation des marchés publics.

De nombreux gouvernements ont mis en place des normes nationales exigeant, pour les marchés publics, un avis public d'appel d'offres, de manière à garantir l'équité de la compétition entre les offreurs.

Au Sénégal, l'Agence de régulation des marchés publics (ARMP) est chargée d'assurer la police de la transparence.

S'agissant du commerce multilatéral, l'OMC a entrepris d'importants travaux pour garantir la transparence du marché. Mieux, sur le plan doctrinal, on considère que sans la transparence, il n'y a pas d'effectivité réelle des principes directeurs du traitement national et de la nation la plus favorisée.

E-La mobilité des facteurs de production

La mobilité implique que les facteurs de production, tant le travail que le capital, puissent se déplacer du marché d'un produit à celui d'un autre produit. Pour le facteur travail, on parle de la mobilité géographique (pouvoir se déplacer d'un lieu vers un autre, par exemple pour un changement d'emploi) et de la mobilité professionnelle (pouvoir changer d'activité professionnelle, aller d'une profession vers une autre).

L'économie moderne étant marquée, entre autres, par un niveau très élevé de spécialisation de la main d'œuvre, la mobilité du facteur travail est très restreinte. Toutefois, on assiste à un phénomène de recyclage vers des métiers nouveaux.

*

*   *

Encore une fois, il faut noter que la théorie de la concurrence pure et parfaite procède d'une vision idéaliste. Il s'agit d'une situation en décalage total avec la réalité courante.

Il suffit qu'une des conditions énumérées vienne à manquer pour que la concurrence devienne imparfaite.

Et faute d'atteindre une situation de concurrence pure et parfaite, on se contente d'organiser la concurrence imparfaite.

Le pragmatisme juridique triomphe toujours de l'angélisme doctrinal. On gouverne avec des réalités à ne pas ignorer.

Au contraire, elles sont à considérer.

2-De la concurrence imparfaite

C'est une erreur de considérer l'imperfection dont il est question ici comme un vice fatal à la concurrence. Les règles ont vocation de remédiation à ce sujet, autrement dit, elles sont des palliatifs aux dysfonctionnements. Elles assurent le maintien du dynamisme concurrentiel.

En vérité, le terme « imperfection » n'est pas adéquat pour rendre compte de la situation du marché. Il s'agit, en fait, d'opposer théoriquement l'idéal à la réalité. La prétendue concurrence imparfaite est celle de la réalité du marché et non celle de la vision de l'esprit sur le marché.

Cela dit, un marché est dit « de concurrence imparfaite » quand un ou plusieurs éléments caractéristiques du marché de concurrence pure et parfaite manquent, sans que la compétition elle-même ne souffre d'un grave préjudice dans son essence. Il en est ainsi d'un marché où évolue un groupe relativement restreint de grandes entreprises. En ce cas, le premier critère de la concurrence pure et parfaite que nous avons indiqué plus haut, à savoir l'atomicité, n'est pas respecté.

Ce défaut n'entraîne pas *ipso facto* une absence de concurrence. Il arrive souvent que la concurrence soit plus vive dans ce type de marché dit « marché oligopolistique ». C'est le cas du marché du ciment au Sénégal. Trois grandes entreprises s'affrontent pour une demande en constante évolution. L'ouverture de ce marché à la concurrence est relativement récente, mais les vertus de la compétition sont déjà manifestement comprises et consacrées par les consommateurs.

Non seulement il y a une forte tendance baissière du produit dans le marché en cause, mais également on note une amélioration de la qualité de la part des concurrents.

Il faut admettre quand même que dans un marché pareil, la tentation de l'entente anticoncurrentielle est plus forte pour les joueurs voulant limiter les risques commerciaux au préjudice des consommateurs[9].

Il en est de même de la différenciation des produits par des stratégies juridiques de distinction, comme les marques de commerce ou de fabrique.

Ces leviers de différenciation (marques et autres signes connexes) peuvent aussi être manipulés à l'inverse pour créer la confusion dans l'esprit du consommateur et

9 Voir infra chapitre sur les pratiques anticoncurenntielles.

annihiler ainsi son choix libre et éclairé entre les différents produits d'un marché en cause.

SECTION II : LE DROIT DE LA CONCURRENCE ET LES DROITS VOISINS

Après les considérations économiques et les définitions des termes pertinents, il convient de construire une définition de la matière. Au vu de ce qui précède, qu'est-ce que le droit de la concurrence (A) et quelles sont ses différences avec les disciplines juridiques voisines, comme le droit de la consommation et le droit de la propriété intellectuelle ?

Évidemment, l'opération de comparaison n'a pas pour finalité la dissociation des matières considérées, mais l'identification des champs d'application et leur circonscription. Plusieurs critères de comparaison seront pris en compte. La pertinence réside dans la pondération de ces critères.

I-Le droit de la concurrence

En méthodologie juridique, la meilleure approche dans l'exercice de définition est celle qui envisage la finalité des règles.

Sous ce rapport, le droit de la concurrence est un ensemble de règles destinées à assurer et à maintenir une concurrence saine entre les entreprises sur le marché d'un produit donné.

Pour voir plus large, il faut mentionner des définitions élaborées par certains spécialistes de la matière.

Selon le professeur Yves Serra, « le droit de la concurrence comprend l'ensemble des dispositions juridiques qui régissent les rapports entre les professionnels dans leur activité concurrentielle pour réguler la concurrence »[10].

Le professeur Catherine-Thérèse Barreau définit « le droit de la concurrence comme l'ensemble des règles qui s'appliquent aux entreprises dans leur activité sur le marché et qui sont destinées à réguler la compétition à laquelle elles se livrent, c'est-à-dire à faire en sorte que la concurrence soit suffisante sans être excessive »[11].

La première observation que ces définitions appellent est sans aucun doute que le droit de la concurrence est d'abord et avant tout un droit anti-concentration. Faute de réaliser l'atomicité telle que théorisée par la doctrine du libéralisme économique, il conviendrait d'avoir, dans un marché concurrentiel, une certaine pluralité de joueurs.

Cette perspective est d'ailleurs bien mise en évidence par l'appellation de la matière dans les pays anglo-saxons notamment de l'Amérique du Nord. **C'est un droit antitrust** !

Mais même si la lutte contre les concentrations est un pilier majeur de la matière, il n'en demeure pas moins évident que l'encadrement efficace de jeu de la concurrence amène à régir ou à réprimer un certain nombre de faits et agissements pouvant découler des stratégies de positionnement des entreprises sur le marché.

Aussi, les termes de « droit de la concurrence », qui visent plus large, sont nettement plus précis pour désigner la matière que la notion de « droit antitrust ».

---

[10] Y. Serra, in *Le droit français de la concurrence*, Dalloz, coll. « Connaissance du droit », 1993, p. 1.

[11] Cours magistral : http://www.legavox.fr/blog/dr-kamwe-mouaffo/inter-consommateurs-dans-droit-ententes%C2%A0-15580.htm#.WFp2cYXXL4Y

En vérité, si le droit de la concurrence provient *ab origin* des États-Unis d'Amérique, les pratiques législatives européennes l'ont fortement fait évoluer vers un domaine plus large que le contrôle des *trusts*. C'est cette vision globale de l'activité concurrentielle qui a prévalu en droit communautaire ouest africain.

En ce qui concerne le droit de la concurrence national sénégalais, son champ d'application est si restreint qu'il apparaît comme un simple appendice du droit de la concurrence de l'UEMOA.

Néanmoins, il est utile de faire observer qu'il est fortement influencé par le droit national français.

Le droit de la concurrence national français tire ses racines de l'ordonnance n° 45-1483 du 30 juin 1945.

Aujourd'hui, le texte de référence est plutôt l'ordonnance du 1er décembre 1986, dont l'essentiel des dispositions est repris à droit constant dans le Code du commerce français.

Quant au droit de la concurrence national sénégalais, il n'a pas eu le bénéfice de cette codification. Les textes spécifiques sont laconiques et les normes applicables sont éparses. Il faut observer qu'il n'existe pas encore de code de commerce au Sénégal et encore moins de juridictions spécialisées en matière commerciale. La pratique de la matière est ainsi réservée à des spécialistes généralement formés dans des systèmes juridiques étrangers. Nul doute que la matière a un énorme potentiel de développement dans le système juridique sénégalais.[11]

Mais la question a été posée de savoir si, *techniquement*, on peut parler de l'existence d'un droit de la concurrence au Sénégal, et ce, sous l'angle des sources nationales.

En vérité, au regard des critères de suffisance et d'homogénéité relatifs aux normes spécifiques et de leur autonomie, il serait difficile de conclure à l'existence d'un droit national sénégalais de la concurrence.

Mais, si l'on considère l'apport essentiel des normes communautaires, notamment dans le domaine des pratiques anticoncurrentielles, la conclusion est sans aucun doute positive.

II-Les interactions entre droit de la concurrence et les droits voisins

Comme toutes les disciplines scientifiques, le droit de la concurrence n'est pas isolé. Il entretient des relations particulières avec d'autres segments de la science juridique, notamment le droit commercial en ses différentes composantes. Pour des raisons de proximité des finalités ou de similitudes dans les rapports de droit, ces disciplines sont considérées comme des « droits voisins ».

A-Le droit de la consommation et le droit de la concurrence

Assurément, le droit de la consommation est la discipline juridique qui entretient les rapports les plus étroits avec le droit de la concurrence. Plus que comme une relation de voisinage, ces deux matières peuvent être appréhendées comme un couple conjuguant leurs efforts pour atteindre un but commun, à savoir la protection du choix du consommateur et, notamment, l'opportunité d'avoir le meilleur rapport qualité-prix, en jouant sur les différentes offres.

Cependant, les règles n'ont pas les mêmes destinataires. Le droit de la concurrence s'adresse aux offreurs dans leurs relations concurrentielles.

Quid du droit de la consommation ?

C'est un ensemble de règles qui visent à protéger les consommateurs dans leurs relations avec les entreprises. C'est un droit de protection du consommateur.

Le droit de la consommation comporte des règles **de protection économique du consommateur.**

Et en ce sens, il oblige l'offreur à agir d'une certaine manière pour ne pas abuser du consommateur. En droit moderne, ces règles protectrices sont axées sur les délais de réflexion et de rétractation et sur les mécanismes institutionnels de lutte contre le surendettement.

En effet, le développement exponentiel du crédit à la consommation et des produits bancaires y afférents ont obligé les autorités publiques à surveiller les capacités de paiement des consommateurs.

Dans cette dimension, le droit de la consommation s'inspire des règles sur la faillite et l'insolvabilité. La sanction contre les publicités trompeuses et autres pratiques concurrentielles est une composante essentielle du droit de la consommation. Il s'agit le plus souvent d'un ensemble d'obligations de renseignement telles que les règles relatives à la traçabilité.

Le droit de la consommation assure aussi la protection de la santé et de la sécurité des consommateurs.

Ainsi, dans les pays développés, de nombreuses normes encadrent la composition et le processus de fabrication des produits offerts sur les marchés nationaux. On remarquera d'ailleurs que la brevetabilité d'un produit n'entraîne pas *ipso jure* sa « commerciabilité ». Dans le domaine des médicaments, par exemple, un certificat de mise sur le marché est requis à titre préjudiciel.

Une veille institutionnelle attentive est consacrée à cette activité, juridiquement soutenue par des normes sanitaires et phytosanitaires.

Par conséquent, le droit de la consommation relève d'un **ordre public de protection**, tandis que les normes de concurrence procèdent d'un **ordre public de direction**.

Toutefois, on constate que les exposés des motifs de nombreuses lois sur la concurrence visent la protection du consommateur.

En réalité, pour certains législateurs nationaux, il faut combiner les actions de direction du marché et les actions de protection du consommateur. C'est l'esprit de la loi sénégalaise 94-63 du 22 août 1994 relative à la concurrence et aux prix.

La gouvernance du marché ne saurait ignorer la protection du consommateur. De fait, les deux vont de pair.

D'ailleurs, dans cet esprit, certains pays ont créé une catégorie juridique *sui-generis* dite « contrat de consommation ». C'est le cas du Québec, qui l'a consacrée dans son code civil, lequel définit le contrat de consommation comme « le contrat dont le champ d'application est délimité par les lois relatives à la protection du consommateur, par lequel l'une des parties, étant une personne physique, le consommateur, acquiert, loue, emprunte ou se procure de toute autre manière, à des fins personnelles ou domestiques, des biens ou des services auprès de l'autre partie, laquelle offre de tels biens ou service dans le cadre d'une entreprise qu'elle exploite ».

Cette définition du contrat de consommation rend très largement compte de la préoccupation protectrice du droit de la consommation.

B-Le droit de la propriété intellectuelle et le droit de la concurrence

Les normes de propriété intellectuelle sont un ensemble de règles incitatives. Elles postulent une récompense du créateur qui se voit ainsi gratifier d'un monopole d'exploitation commerciale en contrepartie du bénéfice que la société tire de sa création en termes de progrès.

La matière se décompose en droit de la propriété littéraire et artistique d'une part, et, d'autre part, en droit de la propriété industrielle.

Dans la perspective d'une analyse du marché, la deuxième composante est la considération principale.

En conférant des monopoles d'exploitation, le droit de la propriété intellectuelle se situe à l'opposé du droit de la concurrence. Aussi, si nous utilisons notre schéma comparatif de départ, soit le voisinage, on peut dire que les normes de propriété intellectuelles sont les vis-à-vis de celles du droit de la concurrence.

Mais, si l'on pousse l'analyse un peu plus loin, on constate que ces deux corps de normes ne rament pas à contre-courant. Si tel était le cas, il y aurait de graves asymétries dans la politique économique des États, au sein de laquelle ces deux régimes juridiques cohabitent. Il existe entre ces deux vis-à-vis des passerelles qui assurent la liaison dans la gouvernance du marché.

Alors, il conviendrait de noter que le monopole conféré par le droit de la propriété intellectuelle n'est pas une fin en soi, loin s'en faut ! Au contraire, il s'agit d'un moyen pour atteindre une finalité économique majeure, à savoir l'accroissement des capacités technologiques d'un État donné. Dans ce sens, le but ultime du droit de la propriété intellectuelle est de satisfaire un besoin de la collectivité et non de privilégier un acteur du marché.

D'ailleurs, sauf le cas des marques et des autres droits sur les signes, ce monopole est temporaire. En général, la durée est de vingt ans. Et à l'expiration du délai, l'invention tombe dans le domaine public et devient libre d'exploitation commerciale.

À partir de ce moment, reprend le jeu normal de la concurrence qui, lui, procède de la gouvernance fondamentale du marché.

Mais cette conclusion optimiste n'épuise pas la difficulté de la question.

En effet, pendant la période d'exploitation commerciale d'un monopole sur un produit, il faut développer une politique de veille efficiente pour éviter de graves distorsions sur le marché dudit produit. Les grandes conventions sur la protection internationale de la propriété intellectuelle ont prévu des mécanismes juridiques pour limiter les effets anticoncurrentiels des ententes portant sur l'exploitation d'un produit protégé par des droits de propriété intellectuelle[12].

Le droit de la proprieté intellectuelle est, en définitive, un droit d'incitation à la concurrence. La protection conférée ne relève pas d'un esprit monopolistique, mais plutôt d'une dynamique innovatrice qui met en compétition les acteurs.

Par ailleurs, pour des nécessités de régulation du marché, l'autorité publique peut légitimement porter atteinte au monopole exclusif pour relancer la concurrence. Il en est ainsi de l'octroi de licences dites « non volontaires » et, plus rarement, de l'expropriation pour cause d'utilité publique.

À cela s'ajoute l'existence de leviers administratifs et judiciaires importants pour faire face aux abus dans

---

[12] Il s'agit de la Convention de Paris et de Berne, dans le cadre de l'organisation Mondiale de la Propriété Intellectuelle. Ces accords sont repris et complétés par l'Accord sur les aspects de droit de propriété intellectuelle touchant au commerce – ADPIC – conclu dans le cadre de l'Organisation Mondiale du Commerce.
S'agissant des mécanismes, il s'agit, entre autres, des licences non volontaires et/ou des déchéances pour défaut d'exploitation.

l'exercice des droits de propriété intellectuelle. Il en est ainsi de la déchéance du droit exclusif pour défaut d'exploitation suffisante d'une invention brevetée.

Cette idée est partagée en doctrine. Ainsi, après avoir longuement analysé les relations prétendument conflictuelles entre les deux matières, deux auteurs canadiens ont conclu que « le droit de la propriété intellectuelle et le droit de la concurrence visent chacun à leur manière un même objectif : l'utilisation efficiente des ressources. Ces deux branches du droit sont donc **complémentaires** : la loi n'interviendra que pour empêcher l'entreprise d'acquérir un pouvoir de marché au-delà de ce qu'autorisent les lois en matière de propriété intellectuelle »[13].

En résumé, malgré les apparences, le droit de la propriété intellectuelle complète utilement le droit de la concurrence, s'agissant des objectifs de politique économique poursuivis.

CONCLUSION

De l'analyse des relations de voisinage du droit de la concurrence avec certaines disciplines comme le droit de la consommation et le droit de la propriété intellectuelle, il ressort une imbrication des objectifs et, assez souvent, des sources normatives. Cela se comprend aisément.

Toutes ces disciplines ont pour champ d'action le marché. Donc elles interagissent. En réalité, elles sont les différentes composantes d'une discipline nouvelle et plus holistique : **le droit du marché**.

---

[13] M. Renaud et D. Thérien, in « Développements récents du droit de la propriété intellectuelle 2003 », publication du barreau du Québec.

Les divisions opérées répondaient à des traditions pédagogiques et académiques qui, avec l'évolution, sont appelées à changer.

C'est donc à bon droit que le législateur sénégalais proclame, dans l'exposé des motifs de la loi sur la concurrence et les prix, qu'« en marge de l'organisation de la concurrence dont le destinataire final est le consommateur, des règles de protection de celui-ci sont posées pour permettre à l'autorité administrative de faire face aux insuffisances du marché et aux fraudes ».

Manifestement, cette proclamation implique une indissociabilité entre le droit de la concurrence d'une part, le droit de la consommation et le droit de la propriété intellectuelle d'autre part.

CHAPITRE II

LES SOURCES ET LE CADRE INSTITUTIONNEL DU DROIT DE LA CONCURRENCE

Après avoir analysé les doctrines du libéralisme économique qui ont posé le postulat de la centralité de la concurrence dans une économie de marché, le présent chapitre évoque les sources, autrement dit les règles tendant à réaliser cette finalité. Il s'agit des sources formelles du droit de la concurrence (section I). Ces développements seront complétés par la présentation des organes administratifs et/ou judiciaires chargés de la mise en œuvre des règles de concurrence. Cet agrégat de structures de décisions et de contrôle constitue ce que l'on désigne sous le vocable de cadre institutionnel (section II).

SECTION I : LES SOURCES FORMELLES DU DROIT DE LA CONCURRENCE

Le droit de la concurrence applicable au Sénégal est fondamentalement marqué par une multiplicité de régimes juridiques. En effet, les règles sont générées par un double palier communautaire (l'Union Économique et Monétaire et la Communauté Économique des États de l'Afrique de l'Ouest) et la strate inférieure est constituée par les règles nationales.

Ce doublement des paliers législatifs communautaires complexifie davantage la question de l'applicabilité d'un droit national de la concurrence.

Mais au commencement, il y a le principe fondateur du droit de la concurrence et la liberté de commerce et d'industrie, que nous avons hérité du droit et de l'histoire politico-économique de la France.

I-La source historique : le principe de la liberté du commerce et de l'industrie

Le principe de la liberté du commerce et de l'industrie est sans aucun doute le socle juridique sur lequel repose la politique législative tendant à libéraliser l'économie française et à démocratiser l'exercice d'une activité économique perçue par les révolutionnaires de 1789 comme une liberté citoyenne à protéger et à promouvoir. Le contrôle du droit d'accès au marché était au nombre des leviers de domination politique et sociale.

Avant la Révolution, les sujets de droit français n'étaient point libres d'exercer telle ou telle activité économique selon leurs capacités ou leur bon vouloir. La société était traversée par de nombreuses cloisons qui empêchaient l'émergence d'un marché libre et mieux, l'expression même de la liberté citoyenne. De nombreux obstacles et artifices empêchaient le libre jeu de la concurrence.

Le principe de la liberté du commerce et de l'industrie a été affirmé par le droit révolutionnaire à travers le décret d'Allarde du 2 mars 1791 et la loi Le Chapelier du 14 juin de la même année. Dans l'esprit, il s'agit d'une adaptation au marché des libertés proclamées dans la Déclaration des droits de l'homme et du citoyen. L'article 5 de la déclaration des droits de l'homme et du citoyen précise que « la Loi n'a le droit de défendre que les actions nuisibles à la Société. Tout ce qui n'est pas défendu par la Loi ne peut être empêché, et nul ne peut être contraint à faire ce qu'elle n'ordonne pas. ».

Telle est la philosophie aussi du droit de la concurrence. L'article 5 de la déclaration creuse ainsi les fondements philosophico-sociaux des décrets Allarde et de la loi Le Chapelier.

Ces deux textes suppriment les corporations et jurandes qui constituaient des forteresses anticoncurrentielles et monopolistiques régentant toutes les offres de produits et services dans le marché, et ce, avant l'avènement de la Révolution. L'entrée dans le marché était conçue comme un privilège. Mais en passant d'une société inégalitaire à un régime égalitaire, la politique législative révolutionnaire a changé radicalement le fonctionnement du marché en France.

L'analyse doctrinale et l'application jurisprudentielle de ce principe révolutionnaire opèrent une distinction entre ses deux composantes, à savoir :

• la liberté d'entreprendre, c'est-à-dire de créer librement une activité économique et d'exercer une profession ;

• la liberté de concurrence, qui prescrit des règles de jeu devant favoriser la concurrence et, dans la même veine, proscrit les agissements à l'effet contraire.

La protection de la liberté du commerce et d'industrie (LCI) est différenciée en fonction de la composante prise en considération.

En effet, on s'accorde souvent, dans la doctrine, pour dire que la liberté d'entreprendre est traitée par les hautes juridictions comme une liberté constitutionnelle, tandis que la liberté de concurrence ne serait qu'un principe général de droit. En tant que principe général de droit, la liberté de concurrence est applicable sans texte, mais sa position dans la hiérarchie des normes est *infra législative* et *supra décrétale*[14].

Ce positionnement juridique n'est pas sans effet dans le contrôle de constitutionnalité des lois sur la concurrence.

En vérité, l'essence et la pertinence résident dans la consécration de la liberté du commerce et d'industrie comme un bouclier contre l'ordre monopolistique d'avant la Révolution. Au demeurant, quelle que soit sa valeur juridique, toute liberté s'exerce dans le respect des valeurs démocratiques, de l'ordre public et du bien être général des citoyens.

À cet égard, la loi peut en fixer la portée et en aménager l'exercice.

S'agissant du droit de la concurrence, la liberté du commerce et d'industrie, telle que consacrée par le droit révolutionnaire français, innerve les règles de droit communautaire et celles de droit national, d'où son importance pour l'interprétation et l'application des normes par les autorités de la concurrence.

Au Sénégal, la liberté du commerce et de l'industrie est consacrée par la Constitution qui, en son article 8, garantit les libertés individuelles au nombre desquelles elle cite expressément la liberté d'entreprendre et le droit au travail.

Plus qu'un principe historique fondateur, la LCI est un principe directeur.

S'agissant des instruments juridiques communautaires, nombre d'entre eux fondent le droit de la concurrence sur **l'efficacité économique,** mais l'idée de liberté est aussi implicitement présente.

---

[14] Il faut comprendre que cette catégorie a, de manière générale, une position hiérarchique supérieure aux règlements.

Au fond, la liberté est aussi une garantie d'efficacité des entreprises humaines.

II-Le droit communautaire

Le Sénégal est membre de deux communautés économiques dont les règles ne sont pas uniformes.

Par conséquent, l'application des règles des deux communautés interagissent sur l'activité des entreprises, le fonctionnement du marché et le traitement du contentieux y afférent.

Ces interactions sont régies par des règles de conflit complexes.

En effet, chaque fois qu'un corps de règles a vocation à s'appliquer, il faut procéder à une justification juridique relativement à un certain nombre de critères : la position hiérarchique et le domaine considéré. Il s'agit de déterminer la compétence normative. À cela s'ajoute naturellement l'exercice de détermination de la compétence juridictionnelle.

Encore plus complexes sont les situations où les compétences, qu'elles soient normatives ou juridictionnelles, sont concurrentes, eu égard à la pluralité des rattachements. C'est le cas des conflits positifs.

Une situation est dite de conflit positif si deux ou plusieurs régimes sont potentiellement compétents pour traiter d'une affaire.

Le traitement des conflits positifs est d'autant plus complexe que le recours au principe de la supériorité de la norme internationale est de très peu de secours.

En effet, qu'il s'agisse d'une règle de l'UEMOA ou qu'il s'agisse d'une règle de la CEDEAO, la position hiérarchique est la même, contrairement à un rapport avec une règle de droit national. En lieu et place de la situation simple d'une verticalité normative, on est dans un contexte d'une horizontalité égalitaire.

Au demeurant, le recours aux pratiques européennes, comme c'est le cas souvent, ne saurait être d'une quelconque utilité.

Le double palier communautaire est une spécificité du droit ouest-africain de la concurrence. D'où l'intérêt tout particulier de cet ouvrage, qui cherche à tracer des sillons de solutions dans un champ encore en friche sur le plan jurisprudentiel.

Le conflit négatif est la situation inverse. En droit de la concurrence, les conflits négatifs de compétences sont quasiment inexistants.

Sur le plan doctrinal, comme sur le plan judiciaire, il convient de déterminer si l'on est en présence d'un système de mise en œuvre dit de *simple barrière* ou, à l'opposé, d'un système de *double barrière.*

De manière simple, il s'agit d'envisager soit l'application concurrente, soit l'application d'une norme à l'exclusion de l'autre. La question concerne aussi la compétence juridictionnelle.

A-Le droit communautaire de la CEDEAO[15]

C'est relativement récemment que la CEDEAO a entrepris, dans le cadre de l'approfondissement de l'intégration économique, l'adoption de règles de

---

[15] Regroupant 15 États de l'Afrique de l'Ouest, la Communauté Économique de l'Afrique de l'Ouest a été créée en 1975, en vue de réaliser l'intégration économique dans cette partie occidentale de l'Afrique : suite à un approfondissement du processus d'intégration, un marché commun de plus de 300 millions de consommateurs a été institué, avec comme composante principale le Nigéria. Des pays comme le Ghana, la Côte d'Ivoire et le Sénégal y occupent une place importante sur le plan économique.

concurrence. Ce processus normatif est une résultante logique de la transformation de la communauté en union douanière. Le droit de la concurrence de la CEDEAO est donc un champ disciplinaire nouveau, quasiment vierge de toute exploration doctrinale et jurisprudentielle.

De ceci, il résulte un grand intérêt à l'analyser, aux fins d'une contribution scientifique à sa compréhension et à sa mise en œuvre.

La source principale est l'acte additionnel du 19 décembre 2008 portant adoption de règles communautaires de la concurrence et leurs modalités d'application au sein de la CEDEAO.

En adoptant cet instrument de régulation du marché communautaire, les États membres ont réaffirmé leur conviction à l'effet qu'« un environnement législatif efficace est propice à la promotion et à la pérennité d'une économie dynamique au sein du marché commun et des économies intérieures des États membres de la CEDEAO »[16].

Au demeurant, l'article 3 de l'acte additionnel précise que le but est, entre autres, de :

- promouvoir, préserver et stimuler la concurrence[17] et renforcer l'efficacité économique en matière de production, d'échanges et de commerce au niveau régional ;

- assurer le bien-être des consommateurs et la défense de leurs intérêts[18] ;

---

[16] Préambule de l'Acte additionnel du 19 décembre 2008 portant adoption de règles communautaires de la concurrence et leurs modalités d'application au sein de la CEDEAO.

[17] La déclinaison du but des règles de concurrence de la CEDEAO correspond exactement à la définition que nous avons donnée de la matière.

- accroître les opportunités des entreprises des États membres de participer aux marchés mondiaux.

Sont donc interdites les pratiques anticoncurrentielles qui entravent ou faussent le jeu de la concurrence régionale et/ou créent des distorsions imputables aux États membres.

En plus de l'interdiction des pratiques anticoncurrentielles, la CEDEAO a édicté des règles de contrôle des concentrations et des aides publiques.

À cette fin, des procédures d'examen sont établies pour fixer la démarche à suivre relativement à l'appréciation de compatibilité avec le marché commun.

De ce qui précède, on peut déduire que, *ratione matriae*, les normes de concurrence de la CEDEAO portent sur ce que l'on désigne sous le vocable de « grand droit ».

B-Le droit communautaire de l'UEMOA

L'Union Économique et Monétaire Ouest-Africaine est une union douanière regroupant des pays francophones de l'Afrique occidentale[19]. Bâtie sur le modèle de l'Union européenne, elle constitue un marché commun pour ses membres[20]. Ceux-ci appliquent un tarif extérieur commun aux marchandises en provenance des pays tiers.

Selon le préambule du traité qui dégage la philosophie de cette construction communautaire, les membres sont « déterminés à se conformer aux principes d'une économie

---

[18] Cette participation du droit de la concurrence à la réalisation des fins du droit de la consommation a déjà été soulignée plus haut.

[19] Les membres sont les pays francophones de l'Afrique de l'Ouest à l'exception de la république de Guinée (Sénégal, Mali, Burkina Faso, Côte d'Ivoire, Bénin, Togo, Niger) plus la Guinée Bissau.

[20] En réalité, l'intégration y est plus approfondie que dans le modèle européen. L'UEMOA est également une union monétaire qui regroupe tous les membres du marché commun.

de marché ouverte, concurrentielle et favorisant l'allocation optimale des ressources ».

Dans la même veine, l'article 76 du Traité annonce qu'en vue de l'institution du marché commun, il est nécessaire pour l'union de se doter d'un cadre normatif régissant le jeu de la concurrence dans ledit marché.

Aussi, le Traité UEMOA a institué des **règles communes** de concurrence, applicables aux entreprises publiques et privées ainsi qu'aux aides publiques. Les articles 88 à 90 du Traité sont consacrés à cette fin.

Ces articles fixent les règles de base du droit communautaire de la concurrence. Ces règles sont complétées et précisées par des règlements communautaires conformément aux dispositions de l'article 89 du Traité.

En effet, selon les termes de cet article, « le Conseil, statuant à la majorité des deux tiers (2/3) de ses membres et sur proposition de la Commission, arrête dès l'entrée en vigueur du présent Traité par voie de règlements, les dispositions utiles pour faciliter l'application des interdictions ».

Le droit communautaire est donc constitué de règles directement tirées du traité constitutif et d'autres qui ressortent des règlements, voire de directives. Un auteur a jugé utile d'établir une *summa divisio* distinguant parmi les règles et en fonction de leur origine, un droit dit primaire (traité) et un droit dit dérivé (règlements et directives).

Pour notre part, cette typologie est de peu d'importance pratique et technique. En vérité, il s'agit d'un même et unique bloc de règles.

En revanche, on relève, à la lecture des termes pertinents du texte fondateur de l'UEMOA, que celui-ci ne traite que d'un certain nombre de questions de concurrence. Il s'agit notamment des questions de concentration et d'ententes, d'abus de position dominante et d'aides publiques aux entreprises. Ces trois grands thèmes sont communément appelés, dans la doctrine française, le grand droit de la concurrence *versus* le petit droit, relatif aux autres questions relevant, *a priori*, de la compétence exclusive des États membres.

En application des dispositions du Traité, le conseil a adopté un certain nombre de règlements et de directives traitant du droit de la concurrence.

Les principaux textes adoptés dans ce cadre sont :

- le règlement n° 2/2002/CM/UEMOA du 23 mai 2002 relatif aux pratiques anticoncurrentielles à l'intérieur de l'Union Économique et Monétaire Ouest-Africaine.

En application de l'article 88 du Traité, il définit les pratiques anticoncurrentielles et fixe le champ d'application des interdictions.

- le règlement n° 3/2002/CM/UEMOA/du 23 mai 2002 relatif aux procédures applicables aux ententes et abus de position dominante à l'intérieur de l'Union Économique et Monétaire Ouest-Africaine.

Il a pour objet de définir les procédures applicables aux ententes et aux abus de position dominante.

- le règlement n° 4/2002/CM/UEMOA du 23 mai 2002 relatif aux aides d'État à l'intérieur de l'Union Économique et Monétaire Ouest-Africaine et aux modalités d'application de l'article 88 (c) du Traité.

Il indique les aides interdites de plein droit. Mais essentiellement, il fixe les procédures d'examen de la compatibilité des aides d'État et le contrôle à exercer par la commission.

- la directive n° 01/2002/CM /UEMOA du 23 mai 2002 relative à la transparence des relations financières, d'une part, entre les États membres et les entreprises publiques et

d'autre part, entre les États membres et les organisations internationales.

Elle est adoptée en considération du fait que « la complexité des relations financières des pouvoirs publics nationaux avec les entreprises publiques est de nature à entraver le contrôle de compatibilité avec le marché commun des aides publiques accordées par les pouvoirs publics aux entreprises publiques »[21].

- *la directive n° 02/2002/CM/UEMOA du 23 mai 2002 relative à la coopération entre la Commission et les structures nationales de concurrence des États membres pour l'application des articles 88, 89 et 90 du Traité de l'UEMOA.*

Ce texte a un rôle éminent, voire primordial dans le fonctionnement du mécanisme de mise en œuvre des règles de la concurrence dans l'espace UEMOA.

Le but de la directive est d'assurer une application uniforme des dispositions prévues à l'article 88 et celles prises conformément à l'article 89 du Traité sur l'ensemble du territoire.

À cette fin, la directive considère le risque d'interférence entre les activités de la Commission et celles des autorités nationales de la concurrence.

Aussi, elle définit d'une part les rôles respectifs de la Commission et d'autre part, ceux des structures nationales au regard des règles communes de la concurrence relativement à leur mise en œuvre.

---

[21] Préambule de la directive n° 1/2002/CM/UEMOA du 23 mai 2002 relative à la transparence des relations financières entre les États membres et les organisations internationales.

Par ailleurs, elle prescrit aux États membres de prendre les mesures nécessaires pour se conformer aux procédures par elle définies.

III-Le droit national du Sénégal

Les sources du droit national sénégalais sont éparses. Il n'existe pas, au Sénégal, de texte spécialement consacré au droit de la concurrence.

Au demeurant, le Sénégal ne dispose pas d'un code du commerce moins d'un ordre juridictionnel commercial. Mais au titre du droit spécifique, on peut citer la loi 94-63 du 22 août 1994.

À cela, il faut ajouter des normes pertinentes contenues dans certaines lois spéciales ou dans le droit commun en matière civile et commerciale ou en matière répressive.

A-Le droit spécifique de la concurrence

Le *corpus juris* de la concurrence est très laconique. C'est le moins que l'on puisse dire. En effet, la loi 94-63 est la source principale du droit sénégalais de la concurrence. Elle est complétée par un certain nombre dispositifs de régulation portant sur des secteurs particuliers de l'économie sénégalaise.

1-De la loi sur les prix, la concurrence et le contentieux économique

La loi 94-63 est divisée en 6 titres dont seul le premier est exclusivement consacré à la concurrence.

Le deuxième titre intitulé « De l'information commerciale » régit plutôt les relations entre les commerçants et les consommateurs, ce qui relève du droit des consommateurs en référence à la définition que nous avons donnée plus haut.

S'agissant des autres titres, ils sont constitués d'un enchevêtrement de normes de concurrence et de droit de la consommation. Observons que la proximité des deux domaines n'est pas une excuse suffisante pour justifier le mélange de genres. En tout état de cause, la cohérence n'est pas le trait caractéristique principal de ce texte.

Cela dit, le titre premier relatif à la concurrence distingue les pratiques anticoncurrentielles dites collectives de celles dites individuelles. Les règles tournent autour de l'idée de base exprimée à l'article 2 et selon laquelle « les prix des biens, produits et services sont librement déterminés par le jeu de la concurrence ».

Par pratiques anticoncurrentielles collectives, le texte de loi vise les ententes (art. 24) et les concentrations (art. 25).

Tous les autres actes visant ou ayant pour effet de fausser la concurrence sont à classer dans la catégorie des pratiques individuelles.

À la partie II, « pour garantir le pouvoir des consommateurs et leur liberté de choix entre les produits et les services offerts, il est fait obligation aux opérateurs économiques d'avoir une attitude loyale vis-à-vis d'eux, notamment par une communication correcte des conditions de vente mais aussi et surtout par une bonne information sur les prix pratiques »[22].

À cela s'ajoutent la répression par la réglementation des prix et la répression des fraudes concurremment avec le Code pénal. Des procédures particulières ont été instaurées à cet effet.

On ne peut manquer de constater que le texte occulte la question des aides publiques et des subventions, qui est

---

[22] Art. 32 de la partie II : « De l'information commerciale ».

souvent rattachée aux ententes et concentrations pour former un triptyque du droit de la concurrence.

2-Des dispositifs de régulation sectorielle : le marché public

La construction d'un marché concurrentiel et transparent aurait été chimérique si la commande publique avait échappé aux règles de bonne gouvernance du marché.

En effet, la commande publique est l'une des sources principales du chiffre d'affaires des entreprises. On peut même affirmer que l'État est le premier et le plus important consommateur dans un territoire donné. Il en est de même pour le commerce international, d'où le mémorandum d'accord sur les marchés publics conclu dans le contexte de l'OMC.

Pendant longtemps, la commande publique a été la terre d'élection de l'arbitraire et de la corruption des fonctionnaires.

L'ouverture des marchés publics à la concurrence est plus qu'une question de rationalité technique, c'est une demande démocratique. Malgré les énormes progrès réalisés au Sénégal et dans les pays de l'UEMOA, de vives controverses marquent encore l'attribution des marchés publics et le débat politique y réfère assez souvent.

Mieux, les citoyens et les organisations de la société civile assurent une vieille constante sur la transparence des marchés et le tout avec un intérêt particulier pour les rapports établis par les organes de contrôle internes (Inspection générale d'État – IGE –, Office national de lutte contre la fraude et la corruption – OFNAC –, Cour des Comptes) et par les bailleurs de fonds, pour ce qui concerne les pays en développement (FMI, Banque Mondiale, Commission européenne).

Les bailleurs de fonds multilatéraux et bilatéraux ont développé une culture d'économie de marché qui implique des exigences fortes pour les débiteurs de capitaux, relativement au fonctionnement transparent et concurrentiel des marchés publics.

Au Sénégal, la source principale de la régulation du secteur des marchés publics est le décret n° 2007-545 du 25 avril 2007 portant Code des marchés.

Il convient de souligner que ledit texte est pris en application de certaines normes communautaires de l'UEMOA, notamment :

• la directive n° 04/2005/CM/UEMOA du 9 décembre 2005 portant procédure de passation, d'exécution et de règlement des marchés publics et des délégations de services publics dans l'Union Économique et Monétaire Ouest-Africaine.

• la directive n° 05/2005/CM/UEMOA du 9 décembre 2005 portant contrôle et régulation des marchés publics et des délégations de service public dans l'Union Économique et Monétaire Ouest-Africaine.

Le texte du Code des marchés n'expose par les motifs de son adoption, mais l'on comprend parfaitement qu'il reprend l'esprit des textes référencés de l'UEMOA, qui lui servent de base.

B-Le droit commun et les autres textes pertinents en matière de concurrence

Les textes ci-dessus présentés contiennent incidemment des normes de concurrence qui sont fondamentales à la gouvernance du marché.

1-Le code des obligations civiles et commerciales

C'est le droit commun du commerce juridique entre particuliers au Sénégal.

Les dispositions générales sur le contrat et sur la responsabilité civile trouvent application dans les rapports concurrentiels.

Les dispositions du Code des obligations civiles et commerciales s'appliquent en matière de contentieux de la concurrence sous réserve d'une disposition spécifique dérogatoire : *specialia derogant generalibus.*

2-Le code pénal

Le droit de la concurrence est essentiellement un droit répressif. Dans ce contexte, il est mis en œuvre dans l'esprit des principes généraux du droit pénal.

Sauf dispositions spéciales et dérogatoires, les règles contenues dans le Code pénal ont vocation à s'appliquer, si une prohibition remplit les critères de qualification prévues dans ce même code.

Le code pénal sénégalais contient un certain nombre de dispositions sanctionnant des infractions ayant trait à la transparence du marché ou au libre jeu de la concurrence.

Au nombre de ces dispositions, certaines concernent la corruption des fonctionnaires publics et des employés des entreprises privées.

Entre autres, les articles 156 à 158 du Code pénal répriment les « concussions commises par les fonctionnaires publics dans les affaires ou commerce ».

En droit ivoirien, le rapport entre le droit pénal et le droit de la concurrence est plus nettement souligné.

En effet, l'ordonnance n° 2013-662 du 20 septembre 2013, relative à la concurrence, fait référence expresse, dans ses visas, au Code de procédure pénale et au Code pénal.

La lutte contre la corruption est une dimension très importante dans la rénovation et la régulation du marché au Sénégal. Aussi, les autorités ont mis en place un office de lutte contre la corruption (OFNAC) et une cour spéciale de répressssion de l'enrichissement illicite (CREI).

Dans un contexte de libéralisation du marché et de promotion de la concurrence, le combat contre la corruption est un des défis majeurs. Il en est de même de l'attraction des investissements privés étrangers.

Aussi, de nombreuses agences des Nations unies, au premier rang desquelles la CNUCED[23], ont consacré d'importantes études analytiques et des activités programmatiques au renforcement des capacités des États dans ce domaine.

Le code pénal sénégalais est un des leviers essentiels de régulation du marché.

Par ailleurs, il complète le dispositif de répression prévu par la loi 94-63 pour tout ce qui est nécessaire et qui n'aura pas été prévu expressément par ladite loi.

3-Le Code du travail

En vérité, le droit du travail est un élément de fond important du droit de l'entreprise.

À ce titre, les normes de travail ont une portée juridique importante sur le contentieux de la concurrence.

Par ailleurs, le Code du travail prévoit spécifiquement certaines obligations de non-concurrence à la charge des travailleurs et au bénéfice des employeurs.

En tout cas, l'attitude des travailleurs peut fortement impacter sur les relations entre entreprises concurrentes,

---

[23] La Conférence des Nations Unies sur le Commerce et le Développement (CNUCED) a été convoquée pour la première fois en 1964. Elle fut par la suite institutionnalisée et devint une instance de l'ONU chargée du dialogue intergouvernemental sur les questions de développement et de la mise en œuvre des programmes y afférents.

d'où la nécessité de prendre en compte les normes de travail pour un traitement optimal de certains dossiers.

Au Sénégal, la loi n° 97-17 du 1er décembre 1997 a institué un code du travail comme base juridique régissant les relations individuelles et collectives entre les travailleurs d'une part, et les employeurs, d'autre part.

IV-Rapports entre les différentes composantes normatives du droit positif de la concurrence

Sans aucun doute, le niveau communautaire est celui qu'il convient d'envisager en premier lieu pour déterminer les champs d'application respectifs et les règles de conflit pertinentes pour circonscrire le droit applicable.

A-Les rapports entre le droit communautaire/ CEDEAO et le droit communautaire/UEMOA

Rationne materiae, les deux régimes de normes s'appliquent aux mêmes situations juridiques sous réserve de quelques nuances. Il s'agit de la répression des pratiques anticoncurrentielles, de l'encadrement des aides d'État et des concentrations d'entreprises. S'agissant du dernier domaine, il conviendrait de relever l'originalité de l'approche UEMOA, qui postule une procédure de contrôle *ex ante* et par assimilation[24].

Même *ex post*, il n'y a pas de procédure d'autorisation rétroactive ou de ratification.

---

[24] Effectivement, il n'y a pas de système d'examen et d'autorisation préalable, comme dans quasiment tous les régimes pertinents. Par ailleurs, le contrôle est effectué par la procédure prévue pour les abus de position dominante. En la matière, l'infraction est qualifiée de concentration assimilable à un abus de position dominante.

La question est traitée sous l'angle de la répression des pratiques anticoncurrentielles. Et il n'y a matière à agir pour l'autorité de la concurrence que si la concentration est assimilable à un abus de position dominante.

C'est donc les règles de qualification et de sanction de l'abus de position dominante qui sont applicables, le cas échéant.

Ces précisions faites, il convient de souligner que, de manière générale, il y a un champ commun d'action des normes communautaires de la concurrence.

Les normes de la CEDEAO ne proclament pas une compétence exclusive. Par ailleurs, elles n'excluent pas l'application d'autres règles de concurrence.

Conséquemment, les règles nationales (pour les pays de la CEDEAO non membres de l'UEMOA) et celles communautaires de l'UEMOA, pourraient avoir vocation à s'appliquer.

En ce cas, comment procéder ?

Les règles de la CEDEAO s'appliquent-elles concurremment ou écartent-elles les autres ?

Pour répondre à cette question, il faut d'abord noter quelques précisions sur les critères d'application des normes CEDEAO.

La source de base indique que lesdites normes s'appliquent sur toute l'*étendue du marché commun.*

Mais s'appliquent-elles à tous les rapports de droit portant sur une question de concurrence ?

La réponse est sans aucun doute non.

Ratione loci, le critère d'application est l'affectation du commerce régional, c'est-à-dire les échanges entre les différents territoires nationaux des États membres.

Ce faisant, la CEDEAO s'inspire de la démarche européenne, dont le critère d'élection de la règle applicable est soumis au principe général de la subsidiarité.

En vérité, ce principe est bien utile mais sa mise en œuvre n'épuise pas la question.

Que se passe-t-il si, compte tenu du critère de l'affection, la norme communautaire CEDEAO a vocation à s'appliquer à une cause ? Y aurait-il encore une place pour l'application de la norme UEMOA ou celle-ci serait-elle écartée de plein droit ?

Nous inspirant des techniques juridiques anglo-saxonnes et notamment de celles de l'Amérique du Nord, nous proposons un test juridique que nous baptisons **« Trilogique de la compétence ».**

Elle s'articule comme suit :

- L'application prioritaire de la norme communautaire CEDEAO ;
- L'épuisement par la décision communautaire de toute la cause d'action ;
- L'application de la règle ***non bis in idem***.

En procédant à ce test, on pourrait être tenté de conclure que si les 3 éléments de cette « trilogie » juridique sont réunis, il faut écarter tout autre régime de normes.

La démarche est d'autant plus tentante qu'elle est formellement logique, d'une rectitude simple et d'apparence séduisante.

Mais la question est beaucoup plus complexe qu'elle n'y paraît. En effet, l'affectation du marché régional CEDEAO n'emporte pas automatiquement l'affectation du marché UEMOA. La correlativité n'est pas de plein droit non plus.

De ceci, il résulte qu'il y a matière à appliquer non pas parallèlement, mais subséquemment les deux régimes de normes, du fait que nous plaidons la primauté et la prépondérance de la norme communautaire CEDEAO.

La conséquence est l'exception de litispendance à soulever d'office de la part de la Commission UEMOA si elle est saisie d'une affaire pendante devant l'autorité de la concurrence de la CEDEAO.

Et si, relativement au test que nous avons proposé ci-dessus, la décision prise n'aura pas épuisé la cause, il y aurait une marge d'action pour la commission UEMOA et les règles de ladite communauté économique.

Au demeurant, on peut valablement soutenir que la doctrine dite de « la double barrière » peut prospérer dans les rapports de concurrence concernant les deux marchés communautaires, et ce même si l'on recommande une approche la plus large possible de la notion d'*affectation.*

L'approche extensive de cette notion a été formulée comme suit : « pour être susceptible d'affecter le commerce entre les États membres, une décision, un accord ou une pratique doit, sur la base d'un ensemble d'éléments de droit et de fait, permettre d'envisager avec un degré de probabilité suffisant qu'ils puissent exercer une influence directe ou indirecte, actuelle ou potentielle, sur le courant d'échanges **entre les États membres** et cela de manière à faire craindre qu'ils puissent **entraver la réalisation du marché unique entre États membres** »[25].

L'auteur ajoute qu'« il faut, en outre, que cette influence ne soit pas insignifiante »[26].

En choisissant une approche aussi vaste, on donne plus de chance aux règles communautaires de s'appliquer et on renforce la mise en œuvre uniforme du droit de la

---

[25] Rapport de madame SCHURMANS, « Droit de la concurrence », Congrès de Rome, règlement du 16 décembre 2002.

[26] Référé à la gravité ou à l'importance de l'atteinte.

concurrence dans le marché. En vérité, tel est le *res legis* du droit communautaire du marché, y compris du droit de la concurrence. L'intégration par la règle est un outil essentiel pour la gouvernance d'un marché commun.

À cela s'ajoute la pertinence du critère de la « signifiance » comme déterminant en la matière.

Au total, il convient de retenir ce qui suit :

• Il y a matière à adopter le système dit de « la double barrière ».

• Le critère de l'affectation doit être compris de manière extensive pour donner une chance au droit communautaire de s'appliquer à un rapport de droit.

B-Les rapports entre le droit communautaire de l'UEMOA et le droit national sénégalais

Dire que le droit communautaire a primauté sur les droits nationaux des membres est une lapalissade. Mais cette évidence ne résout pas toute la question, puisque que celle-ci n'est pas facile. En vérité, elle est même complexe, compte tenu des champs couverts par les deux régimes de normes de concurrence.

Comme dans toute construction communautaire, la répartition des compétences entre les organes de la communauté et ceux des membres est d'une grande importance dans la politique législative.

La stratégie généralement suivie est que les champs couverts par les normes communautaires sont également susceptibles d'être occupés, dans une certaine mesure, par les lois nationales des États membres. Il s'agit du grand droit de la concurrence, qui est un domaine théoriquement en partage. En ce qui a trait au petit droit de la concurrence, il est traditionnellement conféré exclusivement aux États membres. La pertinence de la démarche est sans conteste.

En effet, dans toute entreprise de coordination normative, s'agissant des questions accessoires, il est essentiel de se concentrer sur les grandes questions pour laisser une certaine marge de manœuvre aux parties. Les auteurs du Traité ne s'y sont pas trompés.

Même en ce qui concerne le domaine en partage, il conviendrait de ne pas aller au-delà de ce qui est nécessaire pour atteindre les objectifs de l'harmonisation des règles.

À ce sujet, un ancien président de la Commission européenne déclarait, dans une formule imagée mais très juste, qu'« il ne faudrait pas harmoniser jusqu'au dernier bouton de guêtre ».

S'agissant de l'UEMOA, le traité affirme en son article article 5 que « dans l'exercice des pouvoirs normatifs que le présent Traité leur attribue et dans la mesure compatible avec les objectifs de celui-ci, les organes de l'Union favorisent l'édiction de prescriptions minimales et de réglementations-cadres qu'il appartient aux États membres de compléter en tant que de besoin, conformément à leurs règles constitutionnelles respectives ».

Cependant, cette formule, qui postule un esprit de collaboration et de complémentarité, pose problème en matière de concurrence.

Le contrôle de la bonne application du grand droit de la concurrence est à ce point important que le Traité le réserve exclusivement aux organes de l'Union, notamment la Commission et la Cour de justice.

Suite à une contestation de l'exclusivité de la compétence de la Commission de la part de certains États membres, cette dernière a saisi, aux fins d'avis consultatif, la Cour de justice.

Les juges communautaires ont estimé que « l'analyse exégétique des dispositions laisse entendre que le droit communautaire de l'UEMOA est un droit à vocation centralisateur en ce sens qu'il intègre dans son champ d'action tous les accords, associations ou pratiques concertées ayant pour objet ou pour effet de restreindre ou de fausser le jeu de la concurrence dans l'espace communautaire » .

Les juges précisent que « le Traité de Dakar consacre ainsi le nivellement par le haut du marché de l'Union où les différents marchés nationaux sont confondus dans un marché unique ».

En somme, « il s'est produit en quelque sorte un processus de phagocytose du droit national de la concurrence par le droit communautaire qui exerce la plénitude de sa primauté par pure substitution ».

Finalement, la Cour conclut que « le contexte conceptuel de ce droit vient renforcer l'option non équivoque des rédacteurs du Traité de Dakar, qui ont entendu manifestement se détacher de la conception de la double barrière adoptée par le droit européen »[27].

Cette attribution exclusive fait l'objet de contestation. Ainsi, on a pu soutenir que sur ce point, les termes du Traité et leur interprétation par la Commission et par la Cour de justice font disparaître les droits nationaux de la concurrence.

Cette conclusion sentencieuse est tout de même radicale.

En effet, la suppression du contrôle au niveau national n'entraîne pas *ipso jure* la disparition des règles de concurrence concernées. Il conviendrait de faire le départ entre la compétence juridictionnelle et le pouvoir de contrôle administratif d'une part et la compétence législative supplétive d'autre part.

---

[27] Avis du 02 février 2000 relatif à l'interprétation des articles 88,89 et 90 du traité sur les règles de concurrence.

En tout état de cause, il convient de faire observer que l'option entre « double barrière « ou » simple barrière » procède d'un choix de politique législative.

Dans le premier cas, on fait cohabiter le régime national et le régime communautaire de normes, tous deux ayant vocation à s'appliquer aux mêmes objets.

Dans le deuxième cas, on agit par exclusion du droit national et par substitution du droit communautaire sur des objets déterminés, le plus souvent, les pratiques anticoncurrentielles.

Dans le contexte de l'UEMOA, la pertinence du choix de la simple barrière est incontestable, eu égard à la simplification et à l'efficacité des procédures. Par ailleurs, cela participe du renforcement de l'objectif politique de l'application uniforme du droit communautaire.

SECTION II :
LE CADRE INSTITUTIONNEL

La stratification géopolitique des espaces de compétences et des champs d'application des normes entraîne *ipso jure* un échelonnage des niveaux et des autorités de contrôle de la mise en œuvre du droit de la concurrence.

Comme pour la définition et la délimitation des champs de compétence, il faut également se référer à l'approche par composantes pour déterminer, selon le cas, l'autorité ou les autorités compétentes pour connaître une cause donnée.

Ainsi, chaque fois qu'une affaire fait l'objet d'une procédure, l'autorité saisie doit d'abord se prononcer sur sa compétence et, le cas échéant, sur sa nature exclusive ou concurrente, eu égard aux autres régimes de normes.

Les questions de compétence sont donc au cœur du contentieux de la concurrence.

Une bonne connaissance de l'architecture procédurale et de la distribution des espaces est donc un prérequis pour pratiquer dans ce domaine.

La dualité du régime juridique entraîne nécessairement une dualité des organes de contrôle et de jugement. Aussi y a-t-il d'une part, les organes communautaires, et d'autre part, les organes nationaux.

I-Les organes communautaires de la CEDEAO

Comme dans tous les systèmes concernés par la matière, la CEDEAO a mis en place un organe administratif chargé de la mise en œuvre du droit communautaire de la concurrence.

Naturellement, les décisions de l'autorité administrative de la concurrence sont susceptibles de faire l'objet d'un recours devant la cour de justice de la CEDEAO.

A-L'autorité administrative de la concurrence

Différemment de l'UEMOA, ce n'est pas la Commission qui assume la fonction d'autorité de la concurrence, en agissant par dédoublement fonctionnel[28].

Cette fonction est plutôt assumée par une structure expressément créée à cette fin.

À la manière d'une juridiction et à l'image de la commission de l'UEMOA, l'autorité a le pouvoir de prononcer des sanctions contre les personnes physiques ou morales qu'elle aura reconnues coupables de la violation des règles de concurrence.

---

[28] La double nature et la double fonction de la commission UEMOA est explicitée dans les développements consacrés à la commission.

Mais son pouvoir de sanction est borné par les limites traditionnelles d'une autorité administrative agissant en matière répressive.

En effet, elle peut décider des peines pécuniaires et autres y afférentes, le tout à l'exclusion de peines privatives de liberté.

L'autorité de la concurrence est dirigée par un directeur exécutif assisté de directeurs adjoints et d'autres fonctionnaires.

Dans sa partie préambulaire, l'acte additionnel relatif à l'autorité de la concurrence déclare que « l'application convenable et optimale des règles communautaires requiert la mise en place d'une structure régionale, dotée de prérogatives appropriées, ainsi que la définition de procédures adéquates pour garantir son efficacité ».

À cette fin, l'autorité peut « effectuer de sa propre initiative ou sur saisine des personnes privées, des personnes publiques, des États membres ou de la Cour de justice des communautés, des enquêtes et des investigations ».

Et pour l'établissement de la preuve des faits allégués, elle peut mener des perquisitions, et ce conformément aux procédures légales en matière de saisie.

Toutefois, il est requis de l'autorité de faire preuve de retenue relativement à la propriété privée et à la gouvernance libre des entreprises.

Aussi, si au cours d'une enquête, il s'avère inutile de pousser plus loin les investigations, l'autorité doit y mettre un terme.

De notre point de vue, il s'agit d'une limitation des pouvoirs d'investigation à ce qui est strictement nécessaire pour assurer un fonctionnement régulier du marché de la concurrence. Par conséquent, les critères de procédure classiques de la raisonnabilité et de la proportionnalité doivent guider les actions des enquêteurs.

Sur le plan pratique, l'autorité régionale coopère avec « les autorités de la concurrence au plan national et régional, afin de prendre des mesures nécessaires pour faire respecter les obligations découlant de l'Acte additionnel ».

B-La Cour de justice de la CEDEAO

L'article 15 du traité instituant la CEDEAO a prévu la création d'une cour de justice pour la communauté.

Il souligne que le statut, les compétences, la procédure et les autres questions concernant la Cour sont définis dans un protocole y afférent.

En application de cette disposition de l'Acte constitutif de la CEDEAO, a été adopté le protocole A/P 1/7/91 du 6 juillet 1991.

Le protocole instituant la cour de justice de la CEDEAO attribue à celle-ci la responsabilité de veiller « au respect du droit et des principes d'équité dans l'interprétation et l'application du Traité ainsi que des protocoles et conventions annexés (préambule dont les dispositions sont reprises et développées à l'article 10 du protocole instituant la Cour de justice) ».

En matière de concurrence, il convient de noter qu'un État membre peut agir de plein droit pour le compte de ses entreprises nationales.

Ce pouvoir d'action par substitution ressort des dispositions de l'article 9.3 prévoyant qu'« un État membre peut, au nom de ses ressortissants, diligenter une procédure contre un autre État membre ou une institution de la Communauté ».

En vertu de cette disposition, un État membre peut relever appel d'une décision de l'autorité de la concurrence contre une entreprise relevant de sa juridiction nationale.

Il serait tout de même regrettable d'abuser de ce droit d'action.

Le cas échéant, le jeu de la concurrence serait affecté par des interventions procédant d'un certain patriotisme économique. Et c'est tout l'esprit des lois de la concurrence qui s'en trouverait ruiné.

La concurrence est une affaire entre entreprises et doit la rester.

Les interventions étatiques sont toujours préjudiciables au bon fonctionnement du marché communautaire.

Naturellement, les entreprises ne sont pas désarmées face à l'autorité de la concurrence. Elles peuvent agir elles-mêmes.

D'ailleurs, ce droit d'action est très large pour permettre une réaction optimale de l'autorité de la concurrence.

La Cour de justice est également appelée à donner des avis consultatifs sur la portée des normes de concurrence.

Développer le réflexe de recourir à de cette fonction de la juridiction communautaire pourrait être d'une grande utilité dans la compréhension de ce droit nouveau à l'épreuve des faits et dans les affaires commerciales qui appellent des décisions fondées sur les normes de concurrence, mettant en jeu le fonctionnement du marché et son attractivité en matière d'investissements étrangers directs.

II-Les organes communautaires de l'UEMOA

En vertu de l'article 90 du Traité, « La Commission est chargée, sous le contrôle de la Cour de Justice, de l'application des règles de concurrence prescrites par les articles 88 et 89. Dans le cadre de cette mission, elle dispose du pouvoir de prendre des décisions ».

A-La Commission agissant en qualité d'autorité administrative de la concurrence

À l'image du l'Union européenne, l'UEMOA a mis en place un organe administratif dénommé la Commission. En fait, la Commission joue le rôle de secrétariat général. Et c'est pour cette raison qu'elle est le pivot du système communautaire. La Commission est chargée de la gestion quotidienne de l'organisation, de la préparation et de la mise en œuvre des décisions de ce que nous appelons le mécanisme intergouvernemental, notamment la Conférence des chefs d'État et de gouvernement et le Conseil des ministres.

Les pouvoirs dévolus à la Commission, à cette fin, sont prévus par l'article 28 modifié du Traité.

La Commission est composée de commissaires nommés par la Conférence des chefs d'État et de gouvernement. Le mandat d'un commissaire dure quatre ans, renouvelables.

Avant de conclure sur ce point, précisons que la Commission de l'UEMOA, comme celle de l'UE d'ailleurs, a un rôle qui dépasse celui ordinairement assigné au secrétariat d'une organisation internationale. La Commission a un pouvoir décisionnel propre. Et l'un des domaines d'exercice de ce pouvoir est le droit de la concurrence. Selon les dispositions de l'article 32 du Traité, les décisions de la Commission « sont acquises à la majorité simple de ses membres. En cas de partage, la voix du président est prépondérante ».

Mais ce pouvoir n'est pas souverain. En tant qu'organe administratif, lesdites décisions sont susceptibles d'être soumises au contrôle juridictionnel de la part de la Cour de justice.

B-La Cour de justice de l'UEMOA

Les dispositions du Traité se bornent à prévoir la création d'organes de contrôle juridictionnel (une cour de justice et une cour des comptes). Les règles de fonctionnement de ces organes sont établies par des actes additionnels.

S'agissant de la Cour de justice, l'acte additionnel n° 10-96 du 10 mai 1996 fixe sa composition et définit ses compétences.

Au chapitre des compétences, la Cour de justice de l'UEMOA connaît, entre autres, des recours en annulation de règlements, directives et décisions des organes de l'UEMOA. À cet égard, les décisions prises par la Commission relativement à son pouvoir de contrôle du jeu de la concurrence dans le marché commun sont susceptibles d'être déférées devant la Cour aux fins de réformation.

III-Les organes nationaux sénégalais chargés du contrôle de la concurrence

Compte tenu des dispositions limitatives des compétences nationales des États membres en matière de pouvoir de régulation de la concurrence, nous consacrerons peu de développement aux organes nationaux.

La loi 96-63 a institué un organe administratif dénommé Commission de la concurrence. Celle-ci est, en théorie, compétente pour connaître toute action relative à la violation des règles de concurrence contenues dans la même loi. Mais en application de la directive communautaire en la matière et relativement aux compétences, nombre de ses dispositions sont sans effet. Il en est de même de celles relatives aux décisions et sanctions concernant le grand droit de la concurrence.

En tant qu'organe administratif, les décisions de la commission sont susceptibles de faire l'objet d'un recours devant la Cour suprême.

Plan : de manière générale, on distingue la protection du marché, ou la gouvernance de celui-ci, de la protection des concurrents.

Le grand droit de la concurrence relève du premier segment, tandis que les règles dites du petit droit portent sur la préservation des intérêts légitimes des concurrents, relativement à certains actes de déloyauté.

Cette classification doctrinale est même consacrée par beaucoup de législations. Toutes choses étant égales par ailleurs, on peut s'en rapporter.

PARTIE II

DE LA PROTECTION DU MARCHÉ

Même si elle est d'origine outre-marine, le droit de la concurrence est essentiellement communautaire. En réalité, dans le monde universitaire, la place du droit de la concurrence, en tant que discipline, s'est imposée eu égard à l'harmonisation des normes dans le contexte de la construction européenne.

Aussi, les développements de fond sont envisagés sous une approche communautaire par paliers. Cette approche vise les deux grands marchés communautaires pertinents, en l'occurrence : l'UEMOA et la CEDEAO.

Le régime CEDEAO est encore en chantier, mais nombre de règles sont déjà en vigueur, même si, dans la pratique, il n'y a pas d'application faute de mise en place des mécanismes de mise en œuvre.

Le grand droit vise, en général, la protection du marché ou la concurrence *per se*.

Pour ce faire, les autorités de la concurrence répriment les pratiques anticoncurrentielles, contrôlent les concentrations d'entreprises et les aides d'État. Le tout sera considéré consécutivement sous l'angle du régime UEMOA (**sous-partie I**) et sous celui de la CEDEAO (**sous-partie II**).

Justification de plan : les infractions étant les mêmes ou quasiment, on aurait pu regrouper leur étude pour éviter les redondances.

En vérité, l'étude séparée offre une meilleure compréhension de la mise en œuvre des règles. Les raisons sont exposées, ci-après :

• Différemment du système UEMOA, le système CEDEAO applique la « double barrière ».

• Contrairement au système UEMOA, le système CEDEAO opte pour la plénitude de compétence. L'autorité de la concurrence réprime les infractions et octroie des indemnisations. Au-delà de la répression, la compensation !

• Techniquement, le système CEDEAO n'opère pas de plein droit comme le système UEMOA. Il ne donne ouverture à une poursuite que s'il y a « affectation du commerce régional ».

Ce critère est le fondement procédural de l'intérêt pour agir, lequel est le principal déterminant de la recevabilité de l'action en justice.

Au total, il y a suffisamment de différences pour justifier une « approche et un traitement différenciés ».

Et à cela s'ajoute, de notre point de vue et eu égard à la méthodologie, que la simplicité des développements séparés évite un enchevêtrement de considérations sans connexité réelle, d'où une certaine portée pédagogique pour la compréhension du lecteur. Elle garantit aussi l'adaptabilité contextuelle et/ou conceptuelle en fonction de la composante territoriale considérée.

Toutefois, l'approche comparée sera suivie, en cas de besoin, pour confirmer les similitudes ou révéler les différences.

SOUS-PARTIE I : LE RÉGIME UEMOA

Il s'inspire très largement du régime européen, mais n'en est pas du tout une pâle copie. Il a ses règles propres qui répondent aux besoins du marché ouest-africain et aux spécificités économiques et historiques de la région. Des efforts d'analyse sont requis pour comprendre le système.

Même si des faiblesses sont notées, il faut relever que le niveau d'intégration des pays francophones de l'Afrique de l'Ouest est rare dans le monde. À cet égard, il conviendrait de rappeler que ces pays ont, pendant de très longues années de leur histoire, évolué dans un même ensemble politique et économique, jadis appelé AOF (Afrique Occidentale Française). L'opération de construction communautaire aura été surtout une opération de restauration plus que de création. L'histoire coloniale aura grandement facilité le processus de recomposition.

CHAPITRE I

LES PRATIQUES ANTICONCURRENTIELLES

En doctrine, on range dans la catégorie des pratiques anticoncurrentielles les ententes illicites et les abus de position dominante. Mais le droit communautaire de l'UEMOA ne traite pas des concentrations séparément des pratiques anticoncurrentielles. Au contraire, le règlement n° 2 dispose que les concentrations sont des pratiques assimilables si elles produisent le même effet que l'abus de position dominante. Il conviendrait de procéder de la même manière.

Après examen des infractions (**section I**), seront évoquées les précautions et justifications relativement aux attestations négatives et aux exemptions (**section II**).

Naturellement, des développements porteront sur la dénonciation et **la sanction des infractions (section III).**

SECTION I :
DES INFRACTIONS

Elles portent sur les ententes anticoncurrentielles, les abus de position dominante et les concentrations assimilables auxdits abus.

I-Des ententes anticoncurrentielles ou illicites

C'est une évidence de dire que dans le marché, les entreprises s'entendent ou posent des actes aux fins de collaboration. Ces décisions ou actes ponctuels de collaboration sont suspects au regard de la concurrence.

Mais il faut noter que seules les ententes illicites tombent sous le coup des prohibitions du droit de la concurrence.

Par conséquent, pour qu'il y ait interdiction, il faut d'abord qu'il y ait une entente (I) et, ensuite, que ladite entente soit illicite (II). Tels sont les éléments constitutifs de la prohibition. Le règlement dresse une liste indicative d'ententes illicites (III).

A-Notion d'entente

Le droit de la concurrence est un droit pragmatique. Il réfère plus souvent aux faits tels que relevés sur le marché plutôt qu'aux définitions formelles du droit commun.

Aussi, en droit de la concurrence, la notion d'entente déborde le cadre étroit de l'accord.

Sont donc considérés comme des ententes entre les entreprises, les accords, les décisions ou les pratiques qui impliquent des actions concertées. Ainsi, même en l'absence d'une négociation ou de conclusion d'une convention, toutes les actions concertées sont susceptibles d'être qualifiées d'ententes.

En économie, on distingue les ententes verticales des ententes horizontales.

Est une entente verticale celle dont les parties ont des activités économiques différentes mais complémentaires sur le marché d'un produit, par exemple : l'entente entre un producteur et des distributeurs.

Est horizontale une entente qui lie des acteurs qui évoluent au même niveau commercial, par exemple : l'entente entre les distributeurs d'un produit donné.

En tout état de cause, deux critères sont essentiels à l'appréciation, à **la pluralité et à l'autonomie.**

Aussi, quand des établissements appartenant à un même groupe agissent de manière concertée, il est difficile de parler d'entente.

De même, quand des franchises agissent ensemble dans le cadre du franchisage, la qualification d'entente est tout difficile à retenir.

En droit européen, l'interprétation faite par le juge européen dans l'affaire VIHO demeure encore la balise en la matière. Dans cette affaire, il a été considéré que « lorsqu'une société mère et ses filiales forment une unité économique à l'intérieur de laquelle les filiales ne jouissent pas d'une autonomie réelle dans la détermination de leur ligne d'action sur le marché, mais appliquent les instructions qui leur sont adressées par la société mère qui les contrôle à 100 %, la circonstance que la politique mise en œuvre par cette dernière et qui consiste principalement à répartir différents marchés nationaux entre ses filiales puisse produire des effets à l'extérieur de la sphère du groupe, susceptibles d'affecter la position concurrentielle de tiers, ne saurait être de nature à rendre l'article 85, paragraphe 1 du traité applicable, même lu en combinaison avec les articles 2 et 3, sous c) et g), du Traité. En revanche, un tel comportement unilatéral pourrait relever de l'article 86 du Traité si les conditions d'application qu'il pose étaient réunies »[29].

Mais outre ces cas de dépendance juridique, une entreprise peut-elle invoquer comme moyen de défense une dépendance économique ou de la violence économique pour se soustraire à une poursuite ?

La question s'est souvent posée en droit communautaire européen.

La jurisprudence estime que ce moyen de défense ne saurait prospérer que si l'entreprise qui l'invoque démontre

---

[29] CJCE, 24 octobre 1996, VIHO EUROPE BV/Commission. Source : http://eur-lex.europa.eu/legal-content/FR/TXT/?uri=CELEX:61995CJ0073

qu'elle s'est soumise à des injonctions abusives pour éviter un péril certain. Par ailleurs, elle doit prouver qu'elle ne disposait d'aucun recours légal pour passer outre.

B-Le caractère anticoncurrentiel ou illicite de l'entente

Les ententes ne sont pas interdites en soi. Ce sont les ententes illicites qui sont interdites. L'illicéité de l'entente se manifeste soit par son but, soit par son effet sur la concurrence.

Aussi, l'article 2 du règlement dispose que sont interdites les ententes anticoncurrentielles, c'est-à-dire celles qui ont un objet, un caractère ou un effet illicite.

• En ce qui a trait à l'objet, il est clair que ce sont les ententes au sens du contrat qui sont visées. Mais attention, peu importe qu'elles soient formelles ou non. C'est une évidence de dire qu'en droit, un accord dont l'objet est contraire à l'ordre public est nul et de nul effet. Donc une entente dont l'objet est anticoncurrentiel est nulle, en ce qu'elle viole l'ordre public de direction.

• En ce qui concerne l'effet, c'est une démarche pratique et empirique qui permet de conclure à la nullité. Peu importe que les parties soient de bonne ou de mauvaise foi, dès lors qu'il est prouvé que leur entente affecte la concurrence dans un marché, elle tombe sous le coup de la nullité.

Mais se pose la question de savoir si l'effet anticoncurrentiel doit être avéré ou si un effet probable suffit. La mission des autorités de la concurrence n'est pas seulement de faire constat des actes affectant la concurrence, mais également de les prévenir. Aussi peuvent-elles agir en amont en déclarant une entente potentiellement anticoncurrentielle et donc illicite.

C-Liste indicative d'ententes anticoncurrentielles

Après avoir fixé le champ de la prohibition des ententes anticoncurrentielles, l'article 3 du règlement dresse une liste de types d'ententes dont le caractère illicite est établi de plein droit compte tenu de leur nature ou de leur objet.

Il s'agit des ententes consistant en :

a) des accords limitant l'accès au marché ou le libre exercice de la concurrence par d'autres entreprises ;

b) des accords visant à fixer directement ou indirectement le prix, à contrôler le prix de vente et, de manière générale, à faire obstacle à la fixation des prix par le libre jeu du marché en favorisant artificiellement leur hausse ou leur baisse, en particulier les accords entre entreprises à différents niveaux de production ou de distribution visant à la fixation du prix de revente ;

c) des répartitions des marchés ou des sources d'approvisionnement, en particulier les accords entre entreprises de production ou de distribution portant sur une protection territoriale absolue ;

d) des limitations ou des contrôles de la production, des débouchés, du développement technique ou des investissements ;

e) des discriminations entre partenaires commerciaux au moyen de conditions inégales pour des prestations équivalentes ;

f) des subordinations de la conclusion des contrats à l'acceptation, par les partenaires, de prestations supplémentaires, qui, par leur nature ou selon les usages commerciaux, n'ont pas de lien avec l'objet de ces contrats.

II-De l'abus de position dominante

La position dominante (A) suivie de l'abus (B) de celle-ci constituent les éléments constitutifs de l'infraction visée.

A-La position dominante

La position dominante visée par l'article 88 du traité UEMOA est définie par le droit communautaire comme « la situation où une entreprise a la capacité, sur le marché en cause, de se soustraire à une concurrence effective, de s'affranchir des contraintes du marché, en y jouant un rôle directeur ».

Avant de traiter des critères qui servent à déterminer une position déterminante, il conviendrait, au préalable, d'expliquer la notion de marché en cause.

1-Le marché en cause

Dans son appréciation de la position dominante, il est fait obligation à la Commission de tenir compte à la fois du « marché de produit en cause » et du « marché géographique en cause ».

- Le marché de produits en cause comprend tous les produits et/ou services que le consommateur considère comme interchangeables ou substituables en raison de leurs caractéristiques, de leur prix et de l'usage auquel ils sont destinés.

- Le marché géographique quant à lui, réfère au territoire dans lequel les entreprises concernées offrent des produits et des services qui présentent des conditions de concurrence suffisamment homogènes et qui peut être distingué des territoires limitrophes par le fait que les conditions de concurrence y sont sensiblement différentes.

2-Les critères de détermination de la position dominante

Après avoir défini le marché en cause, la Commission doit, pour établir une position dominante, considérer les critères suivants :

• La part de marché : c'est le critère déterminant.

Pour calculer la part de marché, la Commission évalue les ventes réalisées par l'entreprise concernée par la procédure et celles de ses concurrents.

• L'existence de barrières à l'entrée :

Selon le droit communautaire, ces barrières peuvent soit être des obstacles juridiques, soit relever des caractéristiques propres au fonctionnement du marché en cause. La Commission de l'UEMOA donne, dans ses notes interprétatives, l'exemple de la complexité technologique et celui de la difficulté d'approvisionnement en matières premières.

• L'intégration verticale :

Sur ce point, on note que ce type d'accord bénéficie de fait d'une présomption de validité, tandis que l'accord horizontal souffre une certaine suspicion.

• La puissance financière de l'entreprise concernée.

B-L'exploitation abusive de la position dominante

En vérité, ce n'est pas la position dominante qui est constitutive d'une pratique anticoncurrentielle, mais l'exploitation abusive qu'en fait l'entreprise concernée.

Donc, l'incrimination porte sur les agissements tendant à fausser ou à réduire la concurrence, en utilisant les leviers offerts par une position dominante dans un marché en cause.

C-Liste indicative des pratiques abusives

• imposer de façon directe ou indirecte des prix d'achat ou de vente ou d'autres conditions de transactions non équitables ;

• limiter la production, les débouchés ou le développement technique au préjudice des consommateurs ;

• appliquer à l'égard de partenaires commerciaux des conditions inégales à des prestations équivalentes, en leur infligeant de ce fait un désavantage dans la concurrence ;

• subordonner la conclusion de contrats à l'acceptation, par le partenaire, de prestations supplémentaires, qui, par leur nature ou selon les usages commerciaux, n'ont pas de lien avec l'objet de ces contrats[30].

III-De la concentration assimilable

A-L'opération de concentration

Il conviendrait de commencer par indiquer que constitue une concentration tout processus tendant à absorber une autre entreprise ou à la filialiser.

Il s'agit, en fait, de toutes les opérations relatives aux fusions-acquisitions.

B-Le caractère anticoncurrentiel

Le contrôle consiste à mesurer leur impact sur la concurrence.

Il faut faire le même raisonnement que pour l'abus de position dominante.

En effet, ce n'est pas la concentration en soi qui est interdite, mais la concentration susceptible d'avoir ou ayant un effet anticoncurrentiel.

Aussi, l'article 4.2 du règlement n° 2 considère comme « une pratique assimilable à un abus de position dominante, les opérations de concentration qui créent ou renforcent une position dominante, détenue par une ou plusieurs entreprises, ayant comme conséquence d'entraver de

---

[30] Cela correspond à la notion doctrinale de la corbeille de la mariée.

manière significative une concurrence effective à l'intérieur du marché commun ».

SECTION II :
DES PRÉCAUTIONS ET DES JUSTIFICATIONS

Le droit communautaire de l'UEMOA met à la disposition du conseiller juridique certains outils utilisables à titre de précaution pour éviter des poursuites et d'autres servant, le cas échéant, à se soustraire des sanctions prévues et applicables aux pratiques anticoncurrentielles.

L'attestation négative (I) est l'outil à utiliser pour une démarche de précaution, tandis que l'exemption (II) sert à justifier une pratique tombant sous le coup de la loi.

I-De la précaution : les attestations négatives

Pour se prémunir contre toute surprise relativement à une collaboration entre son entreprise et d'autres joueurs du marché, le conseiller juridique peut soumettre le projet à un contrôle préliminaire de la Commission. Il formule alors une demande aux fins d'attestation négative. La Commission peut aussi, de son propre chef, initier ce type de contrôle *a priori*. La procédure est prévue par l'article 3.1 du règlement n° 3. Les annexes en précisent les détails.

La requête est introduite par un formulaire dit « formulaire N ».

Le conseiller juridique indique l'objet de la demande et les noms des entreprises pour lesquelles il agit. Ensuite, il doit exposer succinctement le contenu et les objectifs de l'accord, tout en joignant à son dossier un exemplaire de la version finale et complète dudit accord.

S'agissant des moyens à développer, il faut :

• indiquer les motifs, c'est-à-dire les effets de l'accord ou du comportement qui, selon lui, peuvent soulever des problèmes de compatibilité avec les règles de concurrence de l'UEMOA ;

• exposer les faits et les motifs qui résultent, à son avis, de la non-applicabilité de l'article 88, paragraphe a).

Si l'examen du dossier soumis est satisfaisant, la Commission déclare au requérant, par écrit, qu'il n'y a pas lieu, pour elle, d'intervenir en vertu du paragraphe 88, a).

Il conviendrait de relever que l'article 3.1 précise que la Commission prend sa décision « en fonction des éléments dont elle a connaissance ». La déduction logique est que s'il y a un fait nouveau à l'effet contraire ou s'il y a eu une réticence dolosive, la Commission pourrait reconsidérer sa décision antérieure.

Par ailleurs, on devrait déduire des énonciations de l'article 3.1 que si une demande d'attestation négative n'est pas favorablement accueillie, le projet tombe de plein droit sous le coup de l'interdiction. La mise en œuvre dudit projet serait donc constitutive d'une faute intentionnelle.

Quid de la portée de l'attestation négative ?

On peut, en toute logique juridique, considérer que, sauf fait nouveau, la Commission ne saurait prendre l'initiative d'une action en vertu de l'article 88. Pour les mêmes motifs, on peut conclure qu'une plainte d'un particulier est vouée à l'échec. En effet, en l'espèce, le particulier ne peut que dénoncer. L'exercice de l'action publique relève exclusivement de la Commission agissant en qualité d'autorité de la concurrence.

En droit canadien, l'article 47 de la loi sur la concurrence prévoit une procédure similaire, mais plus protectrice.

En effet, les parties à un projet d'entente peuvent solliciter du commissaire à la concurrence la délivrance d'un « certificat d'approbation ». Le cas échéant, elles échappent aux risques d'une poursuite pénale et même d'une simple contestation de la part des autorités publiques. Les recours privés des particuliers demeurent relativement possibles. Ils peuvent agir au civil sur permission du tribunal.

II-De la justification : les exemptions

Il a été déjà indiqué que les normes de concurrence et notamment les prohibitions ne sont ni générales ni absolues et qu'elles varient en fonction des besoins et de la situation du marché.

Les exemptions sont la parfaite illustration de cette démarche pragmatique qui caractérise la matière.

En effet, même si elle est anticoncurrentielle de par son objet ou ses effets, une entente peut bénéficier d'une dispense d'interdiction de la part des autorités de la concurrence, appelée exemption.

L'exemption peut être individuelle ou catégorielle.

Les exemptions par catégories sont prises au bénéfice de l'ensemble des entreprises d'un secteur, tandis que les exemptions individuelles procèdent d'une demande formulée par une entreprise donnée. C'est cette dernière catégorie qui retient l'attention, compte tenu du rôle que le juriste d'entreprise est appelé à jouer relativement à l'introduction de la demande et à sa motivation.

S'agissant du processus de saisine, il est introduit par demande écrite signée du représentant de l'entreprise.

En ce qui concerne la motivation de la demande, il faudrait démontrer que l'accord, la décision ou la pratique concernée est de nature « à améliorer la production ou la distribution des produits ou à promouvoir le progrès technique ou économique, tout en réservant aux utilisateurs une partie équitable du profit qui en résulte ».

En fait, il s'agit d'un test juridique auquel satisfait une entente si son effet bénéfique l'emporte sur l'effet préjudiciable.

SECTION III :
DE LA DÉNONCIATION ET DES SANCTIONS

I-De la dénonciation : la plainte

Pour dénoncer une décision, un accord ou toute autre pratique anticoncurrentielle, toute personne physique ou morale peut formuler une plainte auprès de la Commission. Il faut noter que l'écrit n'est pas exigé. La plainte peut également être orale. En fait, il s'agit d'une dénonciation.

D'ailleurs, le nom de l'initiateur peut être tenu secret, si tel est son souhait.

Après la saisine, la Commission instruit l'affaire à la manière des juridictions, en respectant certaines règles fondamentales de procédure tels que le droit à une défense pleine et entière (*audi alteram partem*) et le principe du contradictoire. Cependant, elle ne se borne pas à disposer de l'affaire comme le ferait un tribunal. La Commission, en sa qualité d'organe administratif, joue un rôle proactif dans l'administration de la preuve. Aussi, elle peut faire ou faire faire des enquêtes et des vérifications.

II-Des sanctions

Si la matérialité d'une infraction aux articles 88 et 89 du Traité est établie et en l'absence d'une exemption, la Commission prononce des sanctions pécuniaires. Il s'agit d'amendes de 500 000 FCFA maximum ou de 500 000 à 100 000 000 de FCFA, selon la gravité. Il peut également s'agir d'un pourcentage du chiffre d'affaire de l'entreprise convaincue d'une pratique anticoncurrentielle.

Par ailleurs, et pour faire exécuter avec diligence ses décisions d'interdiction ou de cessation d'agissements préjudiciables à la concurrence, la Commission peut fixer des astreintes d'un montant maximum de 500 000 FCFA par jour.

CHAPITRE II

LES AIDES D'ÉTATS

Un des dogmes fondateurs de l'économie de marché est sans conteste l'exclusion de l'État du jeu de la concurrence. Son intervention, qu'elle soit directe ou indirecte, est perçue de manière négative et considérée comme génératrice de distorsions. Cette suspicion, au demeurant légitime, est encore plus marquée dans un marché commun, comme c'est le cas de l'UEMOA. En effet, dans un tel schéma d'échanges, l'intervention d'un État membre au profit d'une entreprise nationale entraîne presque toujours des réactions similaires de la part des autres membres. Et, le cas échéant, c'est non seulement le marché concurrentiel qui est affecté mais également la construction communautaire elle-même.

Aussi, une aide publique d'État, si minime soit-elle, est susceptible d'être sujet de discorde entre les États membres, d'où l'importance de règles de transparence et de sécurité juridique. En plus de la coordination normative, il faut une autorité de la concurrence forte et apte à résister aux pressions des États membres. L'histoire du marché commun européen renseigne assez sur la question.

Quant à l'UEMOA, même si le marché est encore faible, le potentiel de développement des grandes entreprises, notamment celles de la Côte d'Ivoire et du Sénégal, commande de mettre en place un système efficace de contrôle des aides d'États. Les gouvernants ne s'y sont pas trompés. Ils déclarent dans le préambule du règlement n° 4 que « le libre jeu de la concurrence est le cadre idéal pour l'épanouissement des entreprises opérant sur le marché commun ».

Cette proclamation de foi postule *a contrario* une abstention de l'État, du moins, sauf circonstances exceptionnelles.

SECTION I : L'INTERDICTION DE PRINCIPE DES AIDES D'ÉTATS

Comme c'est le cas souvent dans notre matière, nous avons une prohibition de principe qui souffre quelques tempéraments.

I-L'énoncé du principe d'interdiction des aides d'États

Selon l'article 2 du règlement n° 4, « sont considérées comme incompatibles avec le Marché Commun et interdites de plein droit un (1) an après l'entrée en vigueur du Traité, les aides publiques susceptibles de fausser la concurrence, en favorisant certaines entreprises ou certaines productions ».

Le terme « incompatible » utilisé renseigne à suffisance sur le risque que des interventions inconsidérées pourraient faire encourir au marché communautaire.

Mais il ressort du texte qu'il faut que deux conditions soient réunies pour que l'interdiction opère. Il faut, d'une part, que l'intervention étatique puisse être qualifiée d'aide d'État (A) et que, d'autre part, elle revête un caractère anticoncurrentiel (B).

A-Notion d'aide d'État

Est généralement considérée comme une aide d'État toute mesure publique qui confère un avantage concurrentiel à une entreprise. C'est une définition large aussi bien du point de vue de l'objet que de l'origine de la mesure.

En ce qui concerne l'objet, le champ couvre à la fois les subventions, les avantages fiscaux et ou administratifs. En fait, il s'agit de tout avantage conféré à une entreprise et qui entraîne un coût direct ou indirect.

Le respect de l'égalité ou la non-sélectivité est telle que, dans le contexte européen, une simple déclaration gouvernementale a pu être qualifiée d'aide, même si la décision de la Commission a été par la suite annulée.

En effet, en 2002, le ministre français de l'Économie, pour rassurer, avait déclaré dans la presse que si France Télécom devait connaître des difficultés, l'État français prendrait des mesures de soutien. Cette déclaration a eu un effet sur la situation boursière de la multinationale française et la Commission a cru devoir qualifier une telle déclaration d'aide d'État.

La décision de la Commission a été attaquée devant la Cour de justice européenne.

La Cour avait admis que la déclaration du ministre français avait bien « conféré un avantage financier à France Télécom », en ayant « influencé de manière décisive la réaction des agences de notation » et leur effet « positif et stabilisateur sur la notation de France Télécom ». La décision de la Commission a été annulée pour le seul motif de l'absence de preuve « d'un transfert de ressources d'État », de manière directe ou indirecte.

Cet exemple, qui frise l'anecdote, donne la mesure de la sensibilité de la question et du caractère large de ce que l'on peut considérer comme une aide d'État.

À présent, passons au second critère, à savoir l'origine des mesures visées.

En ce qui concerne l'origine, c'est la notion d'« État » qui est le terme de référence. Sont considérées comme aides étatiques non seulement les mesures provenant de l'État au sens classique, mais aussi de tous ses démembrements, notamment les municipalités.

Il en a été ainsi de la cause Buy America, dans le cadre du plan de sauvetage de l'industrie automobile américaine du Président Obama.

Remarquez que l'article 2 du règlement de l'UEMOA utilise pour les fins de la qualification les termes d'« aide publique ».

En Europe, même certaines ressources d'origine privée ont pu tomber sous le coup de la qualification d'aide d'État. Et la Cour de justice de préciser qu'« il n'y a pas lieu de distinguer entre le cas où l'aide est accordée directement par l'État ou par des organismes publics ou privés qu'il institue ou désignés, en vue de gérer l'aide ». Ainsi, la Cour a considéré que les allocations versées par le Crédit Agricole à des agriculteurs français étaient des aides d'État.

C'est sûr que si le Sénégal et la Côte d'Ivoire avaient la même production agricole et les mêmes habitudes de consommation alimentaires, le problème se serait posé, car les deux pays développent des politiques de soutien à la production et à la commercialisation.

Examinons à présent la méthodologie générale de détermination du caractère anticoncurrentiel des aides d'État.

B-Le caractère anticoncurrentiel des aides d'État

Si dans l'énoncé de l'interdiction les termes utilisés sont très fermes, on observe de la part du législateur communautaire une grande retenue en ce qui concerne l'appréciation du caractère anticoncurrentiel des aides d'État.

En effet, l'article 2.2 du règlement invite la Commission « dans le cadre de son examen de l'impact des aides publiques sur le jeu de la concurrence, la Commission tient compte des besoins des États membres en ce qui concerne leur développement économique et social, dans la mesure où les échanges entre les États membres et l'intérêt de la Communauté d'atteindre son objectif d'intégration ne sont pas mis en échec ».

Il s'agit d'une règle d'équilibre qui cherche à concilier les objectifs du marché commun concurrentiel avec les impératifs de politiques publiques nationales qui appellent souvent une intervention de l'État membre.

À ce sujet, un ancien président de la Commission européenne déclare que « le contrôle procède d'une approche pragmatique et non point d'une religion du marché ». Et il ajoute que « s'il y avait eu interdiction totale des aides, les États membres se seraient privés de la possibilité de corriger les failles du marché ». Cela est également valable pour l'UEMOA.

Cependant, sont interdites de plein droit les aides à l'exportation et les aides liées à l'utilisation de produits nationaux (art. 4, règlement n° 4).

Précisons que la règle ci-dessus indiquée est un cadre général d'appréciation.

Des règles spécifiques sont applicables aux différents types d'aides. Nous verrons ces procédures spéciales plus tard. Pour le moment, examinons les tempéraments à l'interdiction de principe des aides.

II-Les tempéraments à l'interdiction de principes des aides d'État

Sont considérées compatibles avec le marché commun, et ce de plein droit, un certain nombre d'aides prévues à l'article 3 du règlement. Dans ces cas, il n'y a pas lieu, pour la Commission, de procéder à l'examen institué par l'article 2.2.

Il s'agit d'aides exceptionnelles relativement à leur caractère culturel, social, écologique ou scientifique. Au nombre de ces aides, figurent aussi celles destinées à réparer les dommages résultant de calamités naturelles (voir article 3 du règlement).

SECTION II : LES PROCÉDURES DE CONTRÔLE APPLICABLES AUX AIDES D'ÉTAT

Outre la procédure ordinaire de contrôle *a priori*, le règlement a prévu des procédures spécifiques en cas d'aides illégales, d'application abusive d'une aide, ou de mise en œuvre d'un régime d'aides.

I-La procédure ordinaire de contrôle *a priori* des aides

En principe, toutes les aides doivent faire l'objet d'une autorisation préalable de la Commission avant leur mise en œuvre. C'est un contrôle *a priori* à l'opposé du contrôle *a posteriori* applicable aux infractions de pratiques anticoncurrentielles.

La saisine de la Commission se fait par un acte de procédure dit « notification ». Après ladite notification (A), la Commission soumet à l'examen du projet d'aide (B) et rend une décision (C).

A-La notification

En principe, tout projet d'aide doit faire l'objet d'une notification à la Commission de la part de l'État membre concerné, qui fournit tous les renseignements pertinents à une évaluation de l'impact du projet sur le fonctionnement normal du marché commun. Si la Commission considère que les renseignements fournis ne sont pas complets, elle adresse à l'État requérant une demande d'informations complémentaires.

La Commission accuse réception à l'État membre qui a initié la procédure de sa notification, et, le cas échéant, des documents transmis par la suite.

Aussitôt que la Commission considère que le dossier est en état d'être adjugé, elle déclenche l'examen.

B-L'examen des projets d'aides d'État

Une procédure d'examen préliminaire précède l'examen de fond prévu par l'article 9.

C-L'examen préliminaire

Lors de l'examen préliminaire, la Commission doit se prononcer sur la qualification à donner au projet, relativement à la définition d'une aide. Si elle considère que le projet soumis n'est pas une aide d'État, il n'y a pas lieu de déclencher la procédure formelle d'examen. Elle rend alors une décision dite de « non qualification d'aide ».

Si malgré la qualification d'aide d'État, la mesure concernée est incontestablement et de prime abord compatible avec le marché commun pour la Commission, il n'y a également pas lieu de procéder à l'examen formel. En ce dernier cas, la Commission rend une décision dite « décision de ne pas soulever d'objections ».

Enfin, si la Commission estime qu'il y a un doute quant à la compatibilité du projet avec le fonctionnement concurrentiel du marché commun, elle procède à l'examen formel aux fins d'une analyse approfondie.

II-La procédure formelle d'examen

A-La notification

En prenant une décision tendant à soumettre un projet à une procédure d'examen de fond, la Commission compile tous les éléments pertinents en fait et en droit pour décider de l'affaire à elle soumise.

La Commission motive également son avis relativement à l'incompatibilité du projet avec le fonctionnement normal et concurrentiel du marché commun.

Ladite décision est transmise à l'État membre requérant pour observations. Les autres États membres de la communauté sont également invités à présenter des observations. Conformément à la règle de procédure du contradictoire que nous avons déjà évoquée, les observations des autres États sont portées à la connaissance de l'État membre requérant.

B-La décision de la Commission

Différentes décisions peuvent être prises après examen du dossier, observations et éventuellement modifications du projet.

Si la Commission estime que malgré ses doutes initiaux ou après modifications, le projet ne revêt pas le caractère d'une aide d'État, elle rend une décision de « non qualification d'aide ».

Si nonobstant la qualification d'aide, le projet s'avère, en fait, non préjudiciable au marché commun, la Commission rend une décision dite « décision positive ».

Cette décision peut être assortie de réaménagements à faire. Dans ce cas, elle est dite « décision conditionnelle ».

Enfin, si le projet ne satisfait pas du tout la Commission, elle prononce une décision dite « décision négative ».

Avant de passer aux procédures spécifiques, il conviendrait de mentionner qu'en cas « d'aide appliquée de façon abusive », la Commission peut déclencher la procédure ordinairement suivie pour le contrôle *a priori*.

Est une « aide appliquée de façon abusive » toute violation d'une décision de la Commission relativement à une procédure formelle d'examen.

III-Les procédures spécifiques de contrôle

À présent, nous allons analyser les procédures spécifiques instituées pour traiter des « aides illégales » et les « régimes d'aides existants ». Celles concernant les « aides appliquées de façon abusive » n'appellent pas de commentaires additionnels.

A-La procédure applicable aux aides illégales

Est considérée comme aide illégale « toute aide octroyée en violation de l'obligation de l'État membre de surseoir à sa décision jusqu'à ce que la Commission se prononce ou qu'elle soit réputée s'être prononcée ». En fait, il s'agit du non-respect de l'obligation de soumettre les projets d'aide au contrôle de la Commission (faire la différence avec le non-respect d'une décision, ce qui est une aide appliquée de façon abusive).

En ce cas, la Commission peut s'autosaisir. Elle demande alors à l'État membre concerné de fournir toutes les informations pertinentes sur la cause. À défaut de s'exécuter, la Commission peut délivrer une injonction pour contraindre l'État récalcitrant.

De même, lors de la procédure, elle peut prendre une décision incidente par laquelle elle enjoint l'État concerné à récupérer provisoirement l'aide.

En tout état de cause, si l'examen formel conclut à une effectivité de l'incompatibilité de l'aide incriminée avec le marché commun, décision est prise pour une récupération de l'aide.

B-La procédure applicable aux « régimes d'aides existants »

Un régime d'aides est un ensemble de dispositions législatives ou règlementaires portant sur l'octroi d'aides à des entreprises et ce selon des modalités prédéfinies.

Quand le régime a existé avant l'entrée en vigueur du règlement communautaire sur les aides d'État, il est qualifié d'« aide existante ».

Le contrôle que la Commission exerce sur les régimes d'aides n'est pas ponctuel, il est plutôt permanent.

Aussi, chaque fois que la Commission juge utile d'évaluer l'impact du régime sur le marché commun, elle en informe l'État membre concerné et l'invite à fournir les renseignements pertinents pour ce faire. Advenant une conclusion selon laquelle le régime d'aides existant n'est pas ou n'est plus compatible avec le marché commun, la Commission formule des « propositions de mesures utiles » pour corriger les anomalies. Et c'est cela qui fait l'originalité de la procédure spécifique applicable aux « régimes d'aides existants ».

Si l'État concerné accepte « les propositions de mesures utiles », la Commission en prend acte et lui demande de faire la mise en œuvre et d'en dresser rapport.

En cas de refus ou de mise en œuvre insatisfaisante, la Commission fait application de la procédure formelle d'examen, en vue de prendre les sanctions appropriées.

SOUS-PARTIE II : LE RÉGIME DE LA CEDEAO

Il a été conçu à partir de l'existant régional, c'est-à-dire des acquis de l'UEMOA. Mais il a été également nécessaire d'accommoder les pays de culture juridique anglo-saxonne.

Bien évidemment, le précédent historique européen aura facilité grandement le **rapprochement juridique** entre les pays de ***common law*** et ceux de ***civil law.***

À cet égard, l'Acte additionnel organisant le régime[31] précise que la « **protection des conditions de marché** à travers l'application effective des règles communautaires **est conforme aux meilleurs usages internationaux** et dans l'intérêt de l'intégration économique au sein de la CEDEAO ». On ne peut plus clair !

Même philosophie, même but : les règles communautaires de la CEDEAO répriment les pratiques anticoncurrentielles et contrôlent les concentrations.

Il est étonnant de constater que les normes de concurrence de la CEDEAO ne couvrent pas, à date, l'importante question des aides d'État.

Manifestement, ce défaut réduit fortement la portée du dispositif normatif pour une gouvernance efficace du marché. Cette retenue injustifiable vis-à-vis des agissements des États membres est un vice congénital qui pourrait être fatal au système.

Aussi faut-il souhaiter que cette lacune soit vite comblée par un texte additionnel.

---

[31] Acte additionnel A/SA.1/12/08 portant adoption des règles communautaires de la concurrence et de leurs modalités d'application au sein de la CEDEAO.

CHAPITRE I

LES PRATIQUES ANTICONCURRENTIELLES

Aux termes de l'Acte additionnel de la CEDEAO sur la concurrence, on entend par pratique anticoncurrentielle : « toute pratique par une personne physique ou morale ayant pour objet ou pour effet de fausser ou de restreindre la concurrence au détriment du marché ».

De prime abord, on relève que la définition est large, ce qui offre plus de latitude d'action, et ce, d'autant plus qu'on est en matière répressive.

Dans ce domaine, la tendance judiciaire est à l'interprétation restrictive, ce qui donne souvent ouverture à la censure des décisions d'instance pour cause d'application *ultra vires* des normes. En la matière, l'ordre public de direction du marché justifie l'approche.

Mais au-delà de cette définition large, le régime de la CEDEAO ne déroge pas au principe général de droit pénal consacrant la légalité des infractions.

Ainsi, comme pour l'UEMOA et la CEDEAO, les infractions pertinentes sont expressément prévues et définies. Il ressort de cette démarche que sont réprimées les ententes anticoncurrentielles, les abus de position dominante et les fusions et acquisitions susceptibles d'affecter la concurrence.

Il conviendrait donc d'analyser chacune de ces infractions (**section I**) avant d'évoquer les sanctions applicables, le cas échéant (**section II**) et de préciser les conditions d'exemption (**section III**).

SECTION I :
DES INFRACTIONS

Il s'agit des mêmes pratiques anticoncurrentielles évoquées s'agissant du régime de l'UEMOA. Cela procède de l'esprit d'harmonisation des deux régimes et, sans aucun doute, de la perspective d'unification.

Quoi qu'il en soit, la typologie des pratiques anticoncurrentielles est d'une généricité relativement universelle.

Elle distingue généralement les ententes illicites des abus de position dominante. Et dans le contexte de l'Afrique de l'Ouest, l'examen des concentrations sous l'angle des pratiques anticoncurrentielles a été consacré par les deux communautés économiques.

I-Des ententes anticoncurrentielles ou illicites

Aux termes de l'article 5 (1) de l'Acte additionnel sur les règles communautaires de la concurrence, « sont incompatibles avec la construction du marché commun de la CEDEAO : tous les accords entre entreprises, décisions par associations d'entreprises et pratiques concertées susceptibles de nuire au commerce entre États membres de la CEDEAO et ayant pour objet ou pouvant avoir pour objet de fausser le jeu de la concurrence au sein du marché commun… ».

Il est clair que c'est le marché communautaire de la CEDEAO, considéré dans une approche holistique, qui ne semble pas tenir compte des composantes nationales de la communauté. Cela n'est pas sans conséquences juridiques dans l'appréciation des infractions, notamment en ce qui a trait à la théorie de l'affectation.

A-Notion d'« entente »

Au sens de la disposition ci-dessus, la notion d'« entente » couvre un champ très large d'actes et de pratiques.

Non seulement l'accord formel, mais aussi l'accord verbal. Non seulement l'accord explicite, mais aussi l'accord implicite[32]. Dès l'instant qu'il est décelé une volonté commune d'agir à la même fin, il y a entente, et ce, peu importe la manière de la décliner.

À ce sujet, les auteurs Mainguy, Respaud et Depincé ont donné une interprétation assez originale de la norme française correspondante. Ils expliquent que « la formule est suffisamment vague pour embrasser un grand nombre de situations différentes. Elle est suffisamment précise pour qu'on puisse y déceler des références à des modèles connus, celui de l'élément intentionnel en droit pénal ou celui du consentement au contrat en droit des obligations »[33].

Et au-delà des ententes *stricto sensu*, il faut considérer toute pratique concertée.

En vérité, le concept de pratique concertée aurait pu suffire pour donner effet à l'intention du législateur, car, en réalité, il déborde, certes, du cadre de l'entente classique mais comprend aussi celle-ci.

Cependant, aussi vaste soit-il, le concept de « pratique concertée » ne couvre pas de plein droit tous « les alignements de comportements ».

---

[32] Sur ce point, le législateur français est plus précis : l'article L 420-2 du Code du commerce indique clairement que peu importe que l'entente soit « expresse ou tacite ».

[33] D. Mainguy, J.-L. Respaud et M. Depincé, *op. cit.*

Par alignement de comportements, il faut entendre des attitudes identiques ou similaires marquées par un certain caractère consécutif dans le temps.

De tels alignements sont courants dans un marché. Ils procèdent assez souvent de réactions aux dynamiques d'un marché en cause : niveau d'approvisionnement, saisons, innovations, etc.

Aussi, de jurisprudence constante, il est considéré que la seule constatation d'un alignement de comportement n'autorise pas à en inférer une pratique anticoncurrentielle. Il faut absolument rapporter la preuve d'une concertation pour qu'un juge puisse entrer en voie de condamnation.

En droit communautaire européen, cette approche prudentielle est de mise depuis la décision de la Cour de justice des communautés européennes dans l'affaire « ICI » dite également des « affaire des matières colorantes »[34].

À cette occasion, le juge européen indique clairement que « par sa nature même, la pratique concertée ne réunit pas tous les éléments d'un accord, mais peut notamment résulter d'une coordination qui s'extériorise par le comportement des participants.

Si un parallélisme de comportement ne peut être à lui seul identifié à une pratique concertée, il est cependant susceptible d'en constituer un indice sérieux, lorsqu'il aboutit à des conditions de concurrence qui ne correspondent pas aux conditions normales du marché, compte tenu de la nature des produits, de l'importance et du nombre des entreprises, du volume du marché considéré.

Tel est notamment le cas lorsque le comportement parallèle est susceptible de permettre aux intéressés la

---

[34] CJCE, 14 juillet 1972, ICI matières colorantes, source http://eur-lex.europa.eu/legal-content/FR/TXT/?uri=CELEX:61969CJ0048

recherche d'un équilibre des prix à un niveau différent de celui qui aurait résulté de la concurrence et la cristallisation de situations acquises au détriment de la liberté effective de circulation des produits dans le marché commun et du libre choix par les consommateurs de leurs fournisseurs. »

Sur un autre plan, il est à préciser que peu importe que l'entente soit verticale ou horizontale, il demeure tout de même que les ententes horizontales sont fortement suspectes en la matière, sans être anticoncurrentielles de plein droit.

L'article 5 (1) précise aussi utilement que les décisions d'associations d'entreprises sont considérées comme des ententes au sens des pratiques anticoncurrentielles.

Toutefois, cette précision est susceptible de soulever des interrogations sur sa portée, eu égard aux développements consacrés précédemment aux groupes d'entreprises[35].

La disposition pertinente vise les associations d'entreprises.

De prime abord, on relève une approche relativement timide comparée à une formulation absolutiste qui réfèrerait à « toute association d'entreprises ».

Nous tenons pour acquis que ne sont concernées que les associations regroupant des entreprises autonomes relativement à leurs activités commerciales.

Ce critère d'autonomie permet de soustraire certaines catégories juridiques du champ d'application de la loi communautaire.

---

[35] Dans les développements consacrés à la notion d'entente dans le contexte du régime UEMOA, il a été indiqué que les groupes d'entreprises dont les membres ne sont pas autonomes échappent au domaine de définition de l'entente considérée par le droit de la concurrence.

Il en est ainsi des holdings et des franchises. La liste est indicative.

Tenant compte du fait que le texte de la CEDEAO reprend la formulation de la norme européenne en la matière, on peut légitimement présumer que, le cas échéant, le juge communautaire africain se rallierait à l'interprétation du juge européen développée dans l'arrêt Viho[36] du 24 octobre 1996.

En revanche, les associations d'intérêts entre concurrents pourraient elles-mêmes être considérées comme des ententes illicites, si le but ou l'effet rencontre le critère de l'affectation du marché.

S'agissant des ententes dites « de groupe », les effets négatifs sur le marché pourraient être pris en charge par l'infraction d'abus de position dominante. Toutefois, les critères ne sont pas les mêmes.

Dans l'arrêt Viho, le juge européen profite de l'occasion qui lui est donnée pour préciser que l'article 86 du traité de Rome peut utilement suppléer la carence de l'article 85 en matière de répression de certaines pratiques de groupe.

Selon le juge, « s'agissant du sort, au regard de l'article 85, paragraphe 1, du traité, des accords conclus au sein d'un groupe de sociétés, la Cour a jugé que lorsque la filiale ne jouit pas d'une autonomie réelle dans la détermination de sa ligne d'action sur le marché, les interdictions édictées par l'article 85, paragraphe 1, peuvent être considérées comme inapplicables dans les rapports entre elles et la société mère, avec laquelle elles forment une unité économique (arrêt de la Cour du 14 juillet 1972, ICI/Commission, 48/69, Rec. p. 619, point 134). De même, dans l'arrêt Ahmed Saeed Flugreisen E.A. précité, la Cour a jugé que ce n'est pas l'article 85 qui s'applique lorsque la concertation en cause

---

[36] Voir supra, examen des ententes dans le contexte de l'UEMOA.

est le fait d'entreprises appartenant à un même groupe en tant que société mère et filiale et que ces entreprises forment une unité économique à l'intérieur de laquelle la filiale ne bénéficie pas d'une autonomie réelle dans la détermination de sa ligne d'action sur le marché, ajoutant que "le comportement d'une telle unité sur le marché est cependant susceptible de tomber sous le coup de l'article 86". Il résulte également de la jurisprudence du tribunal que l'article 85, paragraphe 1 du traité ne vise que les rapports entre des entités économiques capables d'entrer en concurrence l'une avec l'autre, en excluant les accords et les pratiques concertées entre des entreprises appartenant à un même groupe, qui forment une unité économique (arrêt du 10 mars 1992, SIV e.a./Commission, T-68/89, T-77/89 et T-78/89, Rec. p. II-1403, point 357) ».

Cette lecture des relations de dépendance entre la société mère et une ou plusieurs filiales n'est pas transposable à toutes les opérations de filialisation. En effet, la tentation peut être forte d'utiliser les techniques du droit des sociétés pour échapper aux contraintes du droit de la concurrence. Il en serait ainsi de concurrents qui, dans le but de contrôler un marché, décident de créer ensemble une société filiale de distribution de leurs produits. En ce cas, le contrat de société est en soi une entente anticoncurrentielle.

Pour une partie de la doctrine, un tel schéma devrait être traité dans le cadre du contrôle des concentrations.

Il est clair cependant qu'une telle approche réductrice permettrait à la fraude de prospérer, car le contrôle des concentrations implique toujours un critère qui n'est pas pertinent en matière d'entente.

C'est celui de la position dominante.

Le régime de la concurrence de la CEDEAO est encore en chantier. Mais sauf nouvelles dispositions ou décisions judiciaires à l'effet contraire, il faudrait appliquer, en l'espèce, *le critère de l'autonomie*.

B-Le caractère anticoncurrentiel ou illicite de l'entente

Dans la doctrine, il y a une certaine tendance à usiter le concept d'entente collusoire. La notion d'entente anticoncurrentielle déborde de ce cadre étroit qui suppose une fraude. Même en l'absence de fraude, tant et aussi longtemps qu'une pratique affecte ou est susceptible d'affecter la concurrence, elle est incriminée.

Par conséquent, les termes « entente illicite » sont plus appropriés pour désigner autrement les ententes anticoncurrentielles.

Le caractère anticoncurrentiel peut relever de l'objet et/ou de l'effet.

Quand l'objet de l'entente est de fausser la concurrence, il n'y a aucun doute que l'infraction est réalisée, peu importe qu'il y ait ou non mise en œuvre. Ce sont les ententes collusoires.

Les ententes qui, elles, affectent la concurrence sans que cela soit l'intention des parties, sont tout aussi illicites et tout aussi nulles. La répression opère comme en matière d'infraction matérielle, la bonne foi n'étant pas un moyen de défense admissible.

Mais envisagée sous l'angle de l'objet ou des effets, la démarche est différenciée. Les lignes directrices européennes sur les ententes horizontales peuvent guider le juge communautaire africain en la matière.

C'est à bon droit qu'elles indiquent que « si un accord de coopération horizontale n'a pas pour objet de restreindre la concurrence, les effets réels et potentiels doivent être analysés pour déterminer s'il existe des effets restrictifs sensibles sur la concurrence. Pour qu'un accord ait des effets restrictifs sur la concurrence au sens de l'article 101, paragraphe 1 du TFUE, il doit avoir ou être susceptible d'avoir une incidence défavorable sensible sur au moins un des paramètres de la concurrence sur le marché, tels que le prix, la production, la qualité, la diversité des produits ou l'innovation. Pour évaluer les effets restrictifs, il convient de se référer au contexte économique et juridique réel dans lequel la concurrence interviendrait en l'absence de l'accord ».

Il s'agit d'une approche *in concreto* qui postule un degré suffisant de preuve. En ce cas, l'affectation du marché doit être réelle, sensible et perceptible.

Au demeurant, il serait juste et équitable de tenir compte de l'intention coupable pour la modulation des sanctions, notamment les sanctions pécuniaires.

C-La liste indicative des ententes anticoncurrentielles

Comme pour les « législations » qui l'ont inspiré, l'Acte additionnel de la CEDEAO, fournit, à titre indicatif, des exemples d'ententes anticoncurrentielles.

Il s'agit des actes tendant à :

• fixer directement ou indirectement le prix d'achat ou de vente, les conditions de vente ou toutes autres conditions de transaction ;

• limiter ou contrôler la production, les débouchés, le développement technologique ou les investissements ;

• se répartir les marchés, les clients ou les sources d'approvisionnement ;

• appliquer à l'égard des partenaires commerciaux des conditions inégales pour des prestations équivalentes, en leur infligeant de ce fait, un désavantage dans la concurrence ;

• subordonner la conclusion de contrats à l'acceptation par les partenaires, des prestations supplémentaires qui, par leur nature ou selon les usages commerciaux, n'ont pas de lien avec l'objet de ces contrats.

Il est précisé que les accords et/ou décisions cités dans la liste indicative « sont déclarés nuls de plein droit et sans effets juridiques dans aucun État membre de l'espace CEDEAO ».

II-De l'abus de la position dominante

L'article 6 de l'acte additionnel sur les règles communautaires de la concurrence définit l'infraction comme suit : « **Tout abus ou acquisition et abus de position dominante commis par une ou plusieurs entreprises au sein du marché commun de la CEDEAO ou dans une partie substantielle de ce dernier, est prohibé car incompatible avec le marché commun dans la mesure où il peut affecter les échanges commerciaux entre États membres** ».

La définition de l'infraction est sensiblement la même que celle adoptée par l'UEMOA[37], laquelle, au demeurant, reprend *in extenso*, la qualification du droit communautaire européen[38].

Les éléments constitutifs de l'infraction sont donc la position dominante et l'abus de celle-ci.

---

[37] Article 4 du règlement communautaire de l'UEMOA sur les pratiques anticoncurrentielles. Selon ledit texte, « est incompatible avec le marché commun et interdit, le fait pour une ou plusieurs entreprises d'exploiter de façon abusive une position dominante sur le marché commun ou dans une partie significative de celle-ci ».

[38] Article 102 du Traité sur le fonctionnement de l'Union européenne.

A-La notion de « position dominante »

Elle n'est pas en soi l'infraction, mais elle est un élément important de la qualification, car en son absence on ne peut réprimer une déloyauté commerciale sur le fondement de l'abus de position dominante.

Dans sa démarche analytique, le juge doit préalablement, à l'examen du comportement incriminé, établir l'existence d'une position dominante. C'est un exercice préjudiciel à cette fin.

En droit communautaire de la CEDEAO, on estime que des entreprises ont une position dominante sur un marché considéré « dès lors que, à titre individuel ou collectif, [elles] détiennent une partie substantielle dudit marché de nature à pouvoir contrôler les prix ou d'en exclure la concurrence ».

Il est clair que la définition sus-indiquée réfère au rôle directeur de l'entreprise ou des entreprises incriminées.

Ce rôle est censé être acquis quand l'entreprise détient une part substantielle du marché considéré. Cette part ne saurait être pertinemment évaluée sans tenir compte de la position des autres concurrents. Il ne s'agit pas de considérer le volume des affaires de l'entreprise, mais la proportionnalité, eu égard à l'activité dans le marché en cause. C'est plutôt une démarche pragmatique. C'est pourquoi le critère des parts de marché est pondéré par la capacité à contrôler les prix. Même en ayant le plus gros volume d'affaires, un marché peut fonctionner d'une manière telle qu'il est difficile ou impossible de contrôler les prix. Ce dernier critère est alternatif avec celui relatif à la possibilité pour l'entreprise incriminée d'exclure du marché les entreprises concurrentes, c'est-à-dire celles qui offrent des produits et/ou des services identiques et similaires.

Ce principe de proportionnalité est consacré par les notes interprétatives[39] de l'UEOMA. Il y est indiqué que la part de marché est calculée « en tenant compte des ventes réalisées par l'entreprise concernée et celles réalisées par ses concurrents ».

Le juge ou l'autorité administrative doit effectivement prendre en compte toutes les circonstances de l'espèce. Il doit développer une approche *in concreto*.

C'est ainsi que le juge européen précise qu'il est « inhérent à une position dominante forte, telle que celle occupée par la requérante, que, pour une bonne part de la demande, il n'existe pas de substitut adéquat au produit fourni par l'entreprise qui détient la position dominante. Le fournisseur en position dominante est donc, dans une large mesure, un partenaire commercial incontournable ».

Ce qui précède confirme que quel que soit le volume des parts de marché, on ne peut faire l'économie d'une évaluation de l'impact réel de celui-ci sur le fonctionnement du marché avant de conclure à l'existence d'une position dominante[40].

Mais ce faisant, le décideur peut prendre en compte la situation de plusieurs entreprises liées. Une entreprise prise isolément peut ne pas être en position dominante, mais placée à l'intérieur d'un partenariat collectif, les choses peuvent changer radicalement.

---

39 Annexe n° 1 au règlement n° 03/2002/cm/uemoa relatif aux procédures applicables aux ententes et abus de position dominante à l'intérieur de l'Union Économique et Monétaire Ouest-Africaine : notes interprétatives de certaines notions.

40 Affaire Intel Corp., 12 jui, 2014, source : http://eur-lex.europa.eu/legal-content/FR/TXT/?qid=1446308006595&uri=CELEX:62009TJ0286

Aussi, le texte de la CEDEAO, à l'instar de ceux qui l'ont inspiré, prévoit le cas. La position y est envisagée « à titre individuel ou à titre collectif ».

Il peut s'agir, naturellement, d'un groupe d'entreprises dans le sens d'une société mère et de ses filiales, ces entreprises étant juridiquement liées.

Le lien peut également ne pas être formel ni juridique et procéder d'une relation de fait. Encore une fois, l'approche économique pratique est prééminente sur le formalisme juridique d'identification des entités et de distinction entre elles.

C'est ainsi qu'en France et en Europe on a pu, pendant un certain temps, considérer que les situations de marchés oligopolistiques étaient suffisantes pour donner ouverture à une qualification de position dominante. Mais de plus en plus, l'exigence de liens dits « structurels » est requise.

B-L'abus de la position dominante

La concurrence implique naturellement un jeu de positionnement sur un marché en cause. La position dominante, loin d'être interdite, est donc un droit. L'abus de position dominante est donc un abus de droit. Ce n'est pas du sophisme juridique ! C'est une évidence de logique juridique !

Aussi, ce n'est pas dans la position dominante qu'il faut chercher « l'essence infractionnelle » du délit, mais dans l'exploitation économique de ladite position dominante.

Nombre de législations ont, d'ailleurs, formulé l'infraction sous l'angle de « l'exploitation abusive d'une position dominante ».

Il en est ainsi de l'acte additionnel de la CEDEAO qui dispose *in limine* que « tout abus » est interdit.

Par conséquent, tant et aussi longtemps que la position dominante n'est pas abusive, le jeu normal et ordinaire du marché continue, en ce qui concerne les relations entre les concurrents.

Quant à l'abus, il résulte d'un usage « déraisonnable » du droit de faire concurrence. La « déraisonnabilité » est réalisée quand la position est utilisée pour « fausser le jeu de la concurrence » d'une part, et d'autre part, quand, de par son effet, il y a affectation de la concurrence.

Dans le contexte de cette pratique anticoncurrentielle, l'abus de structures appelle un traitement particulier, compte tenu de certaines spécificités.

L'abus de structures

La question est souvent posée dans le cadre de la libéralisation relativement récente de secteurs dits « stratégiques » et précédemment objets de monopoles d'État.

C'est souvent le cas dans les domaines du transport ferroviaire ou des télécommunications.

Dans presque tous les pays, un réseau national d'infrastructures a existé dans ces secteurs. Les politiques de libéralisation y ont buté sur des limites objectives.

En effet, il est impossible d'avoir autant de réseaux qu'il y a d'entreprises.

Comment a-t-on procédé ?

Souvent, les États ont libéralisé l'exploitation commerciale du réseau. Le réseau lui-même demeure la propriété de ou des sociétés d'État. Dans certains cas, on a créé une société de patrimoine différemment de la société d'exploitation commerciale (exemple de la SONEES et de la SDE au Sénégal).

Dans tous les cas, le problème de l'accessibilité du réseau peut se poser pour les concurrents ou pour certains d'entre eux. Et c'est à ce niveau que la transparence concurrentielle est interpellée.

Le comportement abusif vis-à-vis de la concurrence peut se décliner en un refus d'accès ou à des entraves pour rendre difficile l'exploitation d'un service commercial.

Il peut s'agir également de « prix fortement disproportionnés » relativement aux services offerts.

Bien évidemment et compte tenu du caractère relativement récent des régimes communautaires ouest-africains de la concurrence, il n'y a pas de décision de jurisprudence disponible en la matière. Mais nul doute qu'avec les nouvelles politiques nationales et communautaires d'approfondissement de la libéralisation de secteurs dits stratégiques, des questions d'accessibilité aux réseaux préexistants vont se poser pour des concurrents nouvellement entrés dans les marchés considérés. Nul doute aussi que les juges communautaires africains se réfèreront au travail déjà accompli par les juges européens dans ce domaine.

Faisant face quasi subitement à un volume énorme de contentieux dans ce domaine, les juges européens ont adopté une théorie développée outre atlantique et désignée sous les termes de « théorie des installations essentielles ou de facilités essentielles ».

Cette théorie est fondée sur l'idée de régulation pour une concurrence **effective** dans des domaines où l'infrastructure de base pour les prestations de service n'est pas « reproductible » pour chaque joueur.

Ce besoin impératif d'accès a été excellemment explicité dans des commentaires sous l'arrêt de la chambre commerciale de la Cour de cassation française consacrée à cette question.

Le raisonnement est que tout repose sur « l'idée que celui qui, en situation de monopole ou de domination sur un marché, détient une infrastructure essentielle, non reproductible dans des conditions économiques raisonnables, ressource sans laquelle des concurrents ne pourraient servir leurs clients ou exercer leur activité, peut être contraint de permettre à ses concurrents d'accéder à cette ressource afin de protéger le jeu de la concurrence sur un marché aval, amont ou complémentaire.

Une telle contrainte porte atteinte tant à la liberté contractuelle qui implique le droit de choisir ses partenaires, qu'au droit de disposer librement de sa propriété. Elle doit donc être non seulement justifiée par la préservation de l'ordre public de la concurrence, mais aussi encadrée afin d'éviter que l'intervention de l'autorité publique n'ait pour effet de décourager l'investissement »[41].

On constate qu'en appliquant ladite théorie, le juge porte une « atteinte nécessaire » au droit de propriété et à la liberté contractuelle.

Aussi faudrait-il que cette atteinte puisse se justifier par l'ordre public de direction du marché. Il ne s'agit pas d'accorder une faveur à des concurrents, mais d'assurer la protection de l'ordre public et des intérêts des consommateurs.

Telle est également la compréhension du juge européen, qui précise les conditions d'application de cette règle de sauvegarde de la concurrence. Et selon lui, « la justification, sur le plan de la politique de la concurrence, d'une immixtion dans la liberté de contracter d'une entreprise dominante exige souvent de procéder à une soigneuse mise en balance de considérations divergentes. Sur le long terme, il est généralement favorable à la concurrence et dans

---

[41] Chambre commerciale, cour de cassation française, 12 juillet 2005, bulletin n° 163, source : https://www.courdecassation.fr /publications_26/rapport_annuel_36/rapport_2005_582/quatrieme _partie_jurisprudence_cour_590/activités_économiques_commerci ales_financières_603/droit_concurrence_7870.html

l'intérêt des consommateurs, de permettre à une société de réserver à son propre usage les installations qu'elle a développées pour les besoins de son activité. Par exemple, si l'accès à une installation de production, d'achat ou de distribution était trop aisément accordé, un concurrent ne serait pas incité à créer des installations concurrentes. Ainsi, tandis que la concurrence s'amplifierait à court terme, elle se réduirait à long terme. De surcroît, une entreprise dominante serait moins encouragée à investir dans des installations efficaces si ses concurrents pouvaient, sur demande, en partager les bénéfices. Ainsi, le simple fait qu'une entreprise conserve un avantage sur un concurrent en se réservant l'usage d'une installation ne saurait justifier d'exiger l'accès à celle-ci… Il est important de ne pas perdre de vue, en appréciant ce problème, que l'objectif premier de l'article 86 [devenu l'article 82 traité CE] est d'empêcher les distorsions de concurrence – et en particulier de sauvegarder les intérêts des consommateurs – plutôt que de protéger la position des concurrents particuliers »[42].

C-Liste indicative des infractions d'abus de position dominante

L'article 6 de l'Acte additionnel de la CEDEAO précise que les pratiques abusives consistent notamment à :

- limiter l'accès à un marché considéré ou restreindre indûment le jeu de la concurrence ;

- imposer de façon directe ou indirecte des prix d'achat ou de vente ou d'autres conditions de transaction non équitables ;

- limiter la production, les débouchés ou le développement technique au préjudice des consommateurs ;

---

[42] CJCE Oscar Bronner/Mediaprint-26 novembre 1998.

- appliquer à l'égard des partenaires commerciaux des conditions inégales pour des prestations équivalentes, en leur infligeant de ce fait un désavantage dans la concurrence ;

- subordonner la conclusion de contrats à l'acceptation par la nature ou selon les usages commerciaux, n'ayant pas de lien avec l'objet de la prestation.

Au total, il s'agit des mêmes faits incriminés par le droit de l'UEMOA et le droit européen au titre des pratiques d'abus de position dominante.

Il convient d'insister encore une fois sur le caractère indicatif de cette liste. De ce caractère, il résulte que l'absence d'un fait allégué dans la liste indicative n'est pas de nature à la soustraire au champ d'application de la norme répressive.

Ce champ est fonction de la définition de l'infraction. Autrement dit, il faut une position dominante et un usage abusif de celui-ci. En ce cas, les faits tombent sous le coup de la prohibition, quand bien même ils ne figurent pas au nombre de ceux prévus dans la liste indicative.

Faudrait-il aussi rappeler que certains faits incriminés au titre de la liste indicative des pratiques abusives sont constitutifs d'une entente illicite s'il y a une pratique concertée entre les auteurs.

III-Des concentrations affectant ou pouvant affecter la concurrence

De prime abord, il convient de souligner que différemment du droit européen, il n'y a pas de système de contrôle préalable des concentrations. En vérité, un tel système n'est pertinent que dans un marché d'un niveau de concurrence extrêmement forte (Europe, Amérique du Nord) avec des acteurs disposant de moyens exceptionnels. Ce n'est pas encore le cas du marché de la CEDEAO.

Toutefois, la question des concentrations, même entre acteurs de moindre importance que ceux visés plus haut, requiert une attention particulière de la part des autorités de la concurrence, et ce eu égard aux effets potentiellement négatifs sur le marché.

Le législateur de l'UEMOA en a eu pleine conscience. Aussi a-t-il décidé de suivre la méthodologie normative de l'UEMOA consistant à opérer un contrôle *a posteriori* dans le cadre de la répression des pratiques anticoncurrentielles.

Il ne s'agit pas d'un système d'autorisation, mais plutôt de répression. Ce qui suppose que l'infraction soit constituée pour donner ouverture à une intervention.

A-Une position dominante subséquente à la concentration

Il faut rappeler que le contrôle des concentrations a été à l'origine du droit antitrust américain, qui a largement inspiré le droit européen.

En effet, c'est avec le **Sherman Antitrust Act**[43] de 1890 que le gouvernement des États-Unis d'Amérique a placé le contrôle des concentrations au cœur de la gouvernance du marché.

Selon l'article 7 de l'Acte additionnel, « les fusions, rachats, co-entreprises ou autres formes de prise de contrôle, y compris <u>les directions imbriquées</u>, de caractère horizontal, vertical ou hétérogène d'entreprises ou parmi elles, sont interdites lorsque la part de marché qui en

---

[43] Le Sherman Antitrust Act avait mis fin à l'approche dogmatique du marché fondée sur le laisser faire et l'intervention de la supposée « main invisible » si chère à Adam Smith. Sur la base de cette loi, les autorités publiques ont pu imposer le démantèlement de la pieuvre monopolistique d'alors : la Standard Oil, fondée par John D. Rockefeller. La concentration sera finalement décomposée en 34 sociétés indépendantes.

résultera au sein du marché commun de la CEDEAO ou dans une partie substantielle de celui-ci pour tout produit, service, filière commerciale ou activité touchant au commerce, risque de créer une position de force ayant pour conséquence une réduction effective de la concurrence ».

On ne peut plus large, mais on peut, à coup sûr, plus clair.

Plus large, car la disposition couvre toutes les situations de concentration.

D'abord, les situations juridiques classiques et généralement connues.

Il en est ainsi pour la fusion. L'opération de fusion consiste à faire une seule et même entité avec les entreprises concernées par l'opération. Les deux entreprises peuvent disparaître juridiquement pour donner naissance à une nouvelle personne morale. On peut choisir également l'option de la phagocytose, une des parties se dissolvant dans l'autre.

Les parties peuvent également continuer à exister de manière indépendante au sens juridique et convenir d'engendrer par association une troisième entité : c'est la filiale commune. Il nous semble que par le terme « co-entreprise », la disposition communautaire pertinente vise, entre autres, la filiale commune.

Mais au-delà des considérations de personnalité juridique du droit des sociétés, il faut envisager toutes les situations d'association de moyens, qui font que, *de facto*, il y a une entité commune ou un groupe fédérant plusieurs entités. C'est en cela que le droit de la concurrence fait preuve d'un pragmatisme économique en s'affranchissant du formalisme juridique du droit commun des sociétés commerciales.

Ensuite, l'article 7 ci-dessus indiqué envisage non seulement le marché communautaire, mais aussi une partie substantielle dudit marché. C'est un cas rare où le législateur communautaire passe d'une vision holistique du marché communautaire à une forme d'approche fragmentée.

On peut faire tout de même plus clair, dans la mesure où l'imprécision de la notion de « direction imbriquée » peut donner ouverture à l'exercice d'une discrétion incontrôlable de la part des autorités de la concurrence. En tout cas, ce concept n'est pas de nature à garantir une prévisibilité judicaire en matière de contentieux de la concurrence.

En tout état de cause, pour que l'infraction soit constituée, il faut deux éléments matériels : **une position dominante** et **une affectation de la concurrence** qui en résulterait.

Pour déterminer la position dominante, l'autorité de la concurrence réfère aux critères définis à l'article 6 de l'acte additionnel, notamment la part de marché. Ce critère est naturellement pondéré par d'autres ressortissants des bonnes pratiques judiciaires ou de législations proches. Il en est ainsi des barrières à l'entrée du marché, de l'intégration verticale ou de la puissance financière[44].

B-L'affectation de la concurrence

Ce n'est donc pas la concentration qui est interdite, mais celle qui est susceptible d'engendrer une position dominante affectant ou susceptible d'affecter la concurrence.

L'affectation du marché est une question d'appréciation de fait. Mais il faut garder à l'esprit que la simple diminution du nombre de joueurs sur un marché en cause est suffisante pour conclure à une affectation du marché. En vérité, c'est un critère important mais loin d'être

---

[44] Voir supra, page 84.

déterminant. L'autorité doit procéder à une appréciation *in concreto* du jeu effectif de la concurrence, en considérant notamment la « structure de l'offre ».

Il s'agit d'une évaluation globale des effets de la concentration sur le marché du produit ou sur le marché géographique. Cette évaluation est appelée « **bilan concurrentiel** ». Elle requiert souvent l'intervention de spécialistes dans divers domaines, y compris des domaines techniques.

SECTION II :
DES SANCTIONS

La sanction est naturellement au cœur de toute matière répressive, car elle porte en elle la finalité de l'action publique. Évidemment, l'idée de prévention demeure prégnante, mais le paradigme est construit essentiellement sur la sanction. Le droit de la concurrence de la CEDEAO ne déroge pas à cet esprit répressif.

Aussi, l'autorité régionale de la concurrence est-elle dotée de certains pouvoirs comminatoires pour obliger les acteurs à respecter les règles du jeu de la concurrence loyale.

Naturellement, comme toute autorité administrative, elle ne dispose pas du pouvoir de prononcer des sanctions privatives de liberté, et ce, différemment d'un juge répressif.

L'article 7 de l'acte additionnel sur l'autorité régionale de la concurrence est consacré aux sanctions générales des pratiques anticoncurrentielles. Il s'agit essentiellement du prononcé de sanctions pécuniaires/amendes. Toutefois, des mesures accessoires peuvent être prises pour donner plein effet aux sanctions. Il s'agit des sanctions administratives.

Selon ledit article, « si, à l'issue de ses investigations, l'autorité estime qu'il existe des indices qui constituent une violation des dispositions de l'acte additionnel portant adoption des règles communautaires de la concurrence, qui est passible d'une amende, elle prononce les sanctions appropriées à l'endroit du/des contrevenant(s) ».

Sans conteste, cette disposition pose problème relativement à l'esprit du droit répressif et aux principes généraux du droit pénal applicables en la matière[45].

Toutefois, le système de la CEDEAO, en consacrant le principe de la « plénitude de compétence », qui permet à l'autorité de se prononcer sur les intérêts civils, aura fait un choix pertinent et efficace en matière de traitement du contentieux de la concurrence.

A-Des sanctions administratives

Malgré certaines faiblesses notées sur la définition des peines, des efforts méritoires ont été faits pour distinguer les sanctions applicables en fonction de la pratique anticoncurrentielle dont la répression est poursuivie.

1-En matière d'entente illicite

La priorité en ce domaine est d'éviter que l'entente ne prenne corps et, à défaut, qu'elle ne produise effet.

Pour ce faire, l'autorité de la concurrence dispose d'une panoplie de moyens.

L'article 8 portant « mesures de l'autorité relatives aux accords et pratiques concertées restreignant le commerce », indique que « sauf dispositions contraires, lorsque l'autorité décide qu'un accord, une décision ou une pratique concertée constitue une infraction à l'acte additionnel portant adoption de règles communautaires de la

[45] Voir infra.

concurrence, elle procède conformément à l'article 4, paragraphe 1 (b) et (c) du présent Acte additionnel ».

Procéder ainsi, c'est avoir la possibilité de faire des injonctions pour :

- ordonner la résiliation d'un accord ;
- interdire la conclusion ou l'exécution d'un accord ;
- interdire l'imposition de conditions extérieures à toute transaction ayant pour effet de réduire la concurrence ;
- interdire la discrimination ou les préférences en matière de prix et d'autres aspects y relatifs ;
- exiger la diffusion transparente de l'information commerciale (prix, barèmes, conditions générales de vente, composition des produits, dates de péremption).

Par ailleurs, toute personne ayant exécuté un accord objet d'une injonction, pour les fins ci-dessus indiquées, est passible d'une amende.

2-En matière d'abus de position dominante

L'article 9 de l'acte additionnel sur le fonctionnement ne prévoit que le pouvoir enjoint « aux entreprises intéressées de mettre fin aux pratiques abusives immédiatement ou au plus tard à une date fixée par l'autorité ».

En vérité, il faut lire cette disposition en relation avec celle précédente de l'article 7, qui prévoit le prononcé d'une amende en cas de réalisation d'une pratique anticoncurrentielle.

Et avant le prononcé de l'amende, l'autorité notifie à l'entreprise concernée ses conclusions sur le dossier et, le cas échéant, lui ordonne de mettre fin aux pratiques abusives.

Mais que ce soit l'amende ou l'injonction, l'efficacité des décisions ne saurait être atteinte que si le processus de contrainte est soutenu par les moyens coercitifs usités classiquement en procédure judiciaire. Il s'agit essentiellement de l'astreinte.

Considérant l'absence de peines privatives de liberté, les mesures de contraintes pécuniaires doivent avoir une portée réelle sur la santé financière des contrevenants pour être dissuasives.

B-Des sanctions civiles

Dans le système UEMOA, la protection de l'ordre public de la concurrence cantonne l'autorité administrative dans un rôle de veille et de répression. Les questions relatives à la protection des concurrents, c'est-à-dire ceux ayant trait aux intérêts civils, sont pris en charge par les États membres et suivant les procédures ordinaires devant les juridictions civiles. Cette complexité n'est pas de nature à rendre le marché communautaire attractif pour les investisseurs étrangers.

Aussi, on estime que c'est à bon droit que le principe de la plénitude de compétence a été choisi par le législateur de la CEDEAO.

Ainsi, il est prévu que « toute personne ayant subi un préjudice peut introduire une demande d'indemnisation auprès de l'autorité »[46].

Cela est valable tant en ce qui concerne les ententes illicites que les abus de positions dominantes ou les concentrations y assimilables.

Eu égard à la collaboration entre les autorités de l'UEMOA et de la CEDEAO, il serait souhaitable d'harmoniser les procédures sur cette question.

---

[46] Les textes des articles 8, paragraphe 3 (mesures de l'autorité relatives aux accords et pratiques concertées restreignant le commerce) et de l'article 9, paragraphe 3 (mesures de l'autorité relatives à l'abus de position dominante) sont les mêmes.

Sans aucun doute, le modèle de la CEDEAO devrait emporter la préférence, compte tenu de sa simplicité et de son efficacité. La jonction des procédures optimise le bénéfice de l'action pour la concurrence et pour les concurrents.

Naturellement, cela alourdit légèrement les procédures et oblige l'autorité à s'engager dans un débat technique sur la réalité des préjudices prétendus et le *quantum* des réparations à allouer, le cas échéant. C'est le prix de l'efficacité procédurale !

SECTION III :
DES EXEMPTIONS

Elles procèdent de la justification économique de l'atteinte à la concurrence.

En effet, il y a des nombreux cas d'atteinte qui sont rachetables par les effets positifs sur le marché. C'est le cas, souvent, dans le domaine de l'innovation technique (en dehors du périmètre de la protégeabilité par les droits de propriété intellectuelle), mais aussi des techniques commerciales, comme la création de réseaux de distribution.

Il s'agit d'exemptions qui rendent inapplicables les prohibitions.

Cette pratique de gouvernance du marché usitée depuis fort longtemps dans le système européen de la concurrence et relativement récemment dans le marché de l'UEMOA est également adoptée par « l'Acte additionnel portant adoption des règles de concurrence et leurs modalités d'application au sein de la CEDEAO ».

Les exemptions sont catégorielles ou individuelles.

Dans le dernier cas, la procédure est, en principe, ouverte sur demande de l'entreprise concernée. Et c'est à elle de prouver devant l'autorité le caractère bénéfique de l'opération sur le marché en cause.

Les exemptions catégorielles, elles, sont générales et profitent à tous les acteurs du secteur considéré.

Dans ce cadre, des exemptions sont prévues dans diverses situations et activités, ci-après (art. 4.2 de l'acte additionnel) :

a) les questions relatives au travail, notamment les activités des employés visant à protéger légitiment leurs intérêts. *Ce sont les syndicats de travailleurs qui sont visés* ;

b) les accords de négociations collectives conclus entre les employeurs et les employés aux fins de fixer les termes et les modalités de service ;

c) sur le marché de la CEDEAO, peuvent faire l'objet d'exemption, les accords et pratiques commerciales agréées par une structure régionale de la concurrence de la CEDEAO où l'exercice de ces pratiques est autorisé ;

d) les activités faisant l'objet d'une exception expresse, en vertu de tout traité, instrument ou convention y relatif ou en découlant, pour autant que lesdites activités ne soient pas incompatibles avec les objectifs de l'acte additionnel ;

e) les activités d'associations professionnelles visant à développer ou à renforcer les normes professionnelles de compétence légitimement nécessaires à la protection du public ;

f) toute autre activité qui, après consultation de la structure régionale de la concurrence, est à agréer par le Conseil des ministres.

On aura constaté qu'autant il y a des interdictions de plein droit, autant il n'y a pas d'exemptions de plein droit. Il faut nécessairement une procédure d'examen qui aboutisse à une décision, à cette fin.

Outre les dispositions générales sur les exemptions, l'article 7 de l'Acte additionnel traite spécifiquement de la question, s'agissant des concentrations.

Il indique que « les fusions, acquisitions ou concentrations d'entreprises interdites (…) peuvent être autorisées ou exemptées, si la transaction en cause est dans l'intérêt public ».

Pour ce qui concerne les autorisations, il convient de rappeler que la CEDEAO n'a pas de système de déclaration ni d'autorisation préalable.

On peut donc présumer qu'il s'agit simplement de ne pas interdire des concentrations qui n'auront pas eu pour effet d'affecter la concurrence, et ce sans aucune procédure administrative à suivre par les entreprises concernées.

S'agissant des exemptions, on relève le caractère extrêmement élastique de la notion d'intérêt public. Cette référence donne un pouvoir trop large à l'autorité administrative de la concurrence. Cependant, on peut espérer que l'intervention du juge communautaire, le cas échéant, permettrait de circonscrire le périmètre de l'intérêt public, en l'espèce. Ce faisant, l'abondante jurisprudence européenne en matière d'exemption de concurrence pourraient utilement servir à l'appréciation des cas soumis à la juridiction communautaire de la CEDEAO.

Par ailleurs, l'acte additionnel portant création, attributions et fonctionnement de l'autorité régionale de la concurrence, prévoit des lignes directrices en matière d'exemption, et ce en considération de la pratique concernée.

Toutefois, il est évident, même si ce n'est pas expressément mentionné, que l'esprit de l'exemption est que la pratique tolérée doit avoir en soi un effet positif ou bénéfique qui l'emporte largement sur l'affectation de la concurrence dans le marché en cause.

A-En matière d'entente

Il est requis de l'autorité de la concurrence « pour l'octroi à toute personne physique et à tout État membre, l'autorisation relative à la conclusion ou à l'exécution d'un accord visant (…) une pratique susceptible de violer les interdictions » de tenir compte des facteurs ci-après :

• la vulnérabilité des secteurs concernés ;

• l'impact que cet accord ou cette pratique a sur la capacité des petites entreprises à pouvoir faire concurrence de façon effective ;

• la promotion du développement économique au sein de la communauté.

Ces facteurs ne sont pas limitatifs, et la disposition visée précise utilement que l'autorité peut envisager « toute autre considération pertinente ».

L'autorité de la concurrence peut reconsidérer sa décision en cas de changement fondamental de circonstances ou de découverte de l'usage de faux au soutien de la demande d'exemption.

Ainsi, il est expressément prévu qu'elle peut modifier sa décision si elle constate que :

- les conditions d'octroi ont changé ;

- les renseignements fournis à l'appui de la demande d'autorisation étaient faux ou trompeurs. *Il s'agit simplement de faire application des règles sur le dol, comme vice de la décision* ;

- la violation des conditions auxquelles était soumis l'octroi de l'autorisation.

Les décisions d'annulation d'exemption ne peuvent être prises sans permettre aux entreprises concernées de faire valoir une défense pleine et entière. Et pour faire respecter cette règle fondamentale de procédure, il leur est adressé une notification écrite avec un exposé de la décision envisagée. L'autorité doit également rappeler aux concernés qu'ils peuvent être entendus. Ce faisant, elle assume une obligation de renseignement relativement au droit à une défense pleine et entière.

B-En matière de fusion, d'acquisition ou de concentration d'entreprises

Concernant les abus de positions dominantes, les lignes directrices[47] sont à l'effet qu'il faut considérer les éléments ci-après :

• la position sur le marché des entreprises concernées ainsi que leur puissance économique et financière ;

• la structure de l'ensemble des marchés concernés. *En fait, il ne s'agit pas seulement du marché du produit concerné, mais également du secteur d'activité, eu égard aux stratégies d'intégration verticale ;*

• la concurrence réelle ou potentielle d'entreprises situées à l'intérieur ou à l'extérieur du marché commun de la CEDEAO ;

• les effets de la transaction sur les fournisseurs et les acheteurs ;

• les obstacles juridiques ou autres barrières à l'entrée ainsi que les tendances de l'offre et de la demande pour les biens et les services considérés ;

• tout potentiel de progrès technique et économique créé par la transaction proposée qui est dans l'intérêt du consommateur et ne constitue pas une entrave à la concurrence.

---

[47] Article 4 (2) de l'acte additionnel A/SA.2/2008 portant création, attributions et fonctionnement de l'autorité régionale de la concurrence. Ladite disposition indique à l'autorité les éléments considérés dans les procédures d'examen en matière de concentration.

On remarque que ces facteurs d'appréciation sont pertinents en matière de traitement des questions d'abus de position dominante.

Aussi peut-on légitimement présumer que, dans l'esprit du législateur communautaire, *mutatis mutandi*, ils s'appliquent quand il s'agit d'examiner une demande d'exemption en la matière.

CHAPITRE II

AIDES PUBLIQUES

Fort heureusement, le droit communautaire de la CEDEAO utilise la terminologie appropriée « aides publiques » en lieu et place de celle relativement confuse d'aides d'État.

Évidemment, de l'esprit des lois, tel que rendu par les différents textes de l'UEMOA et de l'Union européenne, le concept d'aides d'État couvre toutes les interventions publiques. Mais une bonne désignation est toujours une bonne garantie d'identification et de circonscription du champ d'application d'un concept juridique. Et c'est le cas de l'article 8 de l'Acte additionnel de la CEDEAO portant adoption des règles communautaires de la concurrence et de leurs modalités d'application au sein de la CEDEAO.

Toutefois, l'usage du terme approprié n'aura pas suffi pour circonscrire l'étendue des agissements visés. Il eut fallu en donner une définition qui serve de balises aux praticiens et aux décideurs administratifs et judiciaires.

En tout état de cause, on peut minimalement s'accorder sur le fait que les règles consacrées aux aides publiques sont soutenues doctrinalement par la pensée économique du libéralisme et de l'économie de marché. Il s'ensuit une conviction à l'effet que l'intervention publique est un facteur de distorsions du marché par l'atteinte au libre jeu de la concurrence. Le rôle de l'État et de ses démembrements ne devrait pas être celui d'un acteur dans le jeu de la concurrence. Et, à défaut de laisser faire et laisser agir, les autorités publiques devraient plutôt se positionner comme des régulateurs du jeu. Ce faisant, elles veillent sur l'ordre public de direction du marché.

Et dans un contexte communautaire, s'ajoute à cette mission celle de lutter contre tous les facteurs de cloisonnement du marché communautaire. En effet, au nom du patriotisme économique, la tentation est forte pour un État de prêter main forte à une entreprise nationale engagée dans une lutte pour la conquête de parts du marché communautaire.

Comme précédemment mentionné, c'est en considération de cette crainte qu'il convient d'établir une autorité de la concurrence forte et relativement autonome par rapport aux mécanismes intergouvernementaux de la communauté.

S'agissant de la CEDEAO, la situation dans l'UE et, dans une moindre mesure, dans l'UEMOA, est en principe suffisamment instructive pour agir dans le sens de l'autonomie de l'autorité de la concurrence et de l'effectivité de ses décisions en matière d'aides publiques.

Après l'examen de l'interdiction des aides publiques (I), seront envisagées les procédures de contrôle (II).

SECTION I : L'INTERDICTION DE PRINCIPE DES AIDES PUBLIQUES

Les aides publiques sont, en principe, interdites. Mais cette interdiction n'est ni générale, ni absolue. Elle souffre des tempéraments qui procèdent du pragmatisme déjà mentionné du droit de la concurrence.

I-Énoncé de l'interdiction de principe des aides publiques

Aux termes de l'article 8, paragraphe 1 de l'Acte additionnel, « **sauf spécification contraire du présent acte additionnel, sont incompatibles avec le marché commun dans la mesure où elles nuisent au commerce entre les États membres, les aides accordées par les États ou au moyen de ressources d'État, sous quelque forme que ce soit, lorsqu'elles faussent ou sont susceptibles de fausser la concurrence en favorisant certaines entreprises ou certaines productions** ».

De cette énonciation, il ressort une certaine conception de la notion d'aides publiques et des caractères que doivent revêtir celles-ci pour tomber sous le coup de la prohibition.

A-Notion d'aides publiques

Le législateur communautaire de la CEDEAO a adopté une conception large voire extensive de la notion d'aides publiques.

Du point de vue de l'intervenant, cela peut être l'État, mais aussi ses démembrements ou toute entité publique. Il en est ainsi des collectivités locales, des agences et même des sociétés publiques ou à participation publique.

Au-delà du critère organique, il faut considérer les ressources, et ce « sous quelque forme que ce soit ».

En conséquence de cela, une aide publique peut parfaitement provenir d'une entité de droit privé. Dès lors que les ressources sont d'origine publique, il y a matière à qualification.

Au demeurant, l'aide publique peut être directe ou indirecte. L'intervention privée ou l'usage d'un produit financier d'une banque commerciale n'opère pas de rupture contributoire dès l'instant que l'opération peut être rattachée à l'État et à ses démembrements.

Au-delà de l'origine publique des ressources, il faut envisager la nature de l'opération en cause.

Dans ce cadre aussi, il est clair que l'option faite par le législateur communautaire a tendance à consacrer l'approche large de l'UEMOA.

Mutatis mutandis, la notion d'aides publiques couvre, s'agissant des modalités, les transferts d'argent, certes, mais aussi les diverses exonérations d'impôts et de taxes, ou simplement l'absence de recouvrement desdites ressources publiques.

Elle s'étend aussi aux services non rémunérés à la charge de l'État et au bénéfice d'un concurrent. Dans cette hypothèse, il faut analyser l'opération comme un transfert de charges. Et dans l'hypothèse fiscale ci-dessus indiquée, l'on est dans une logique d'allègement de charge, donc d'un soutien à la compétitivité.

En ce qui concerne le bénéficiaire de l'aide, il peut s'agir d'une entreprise privée ou d'une entreprise publique.

1-Entreprises privées

Dans le cas d'une entreprise privée, l'intervention de l'État ou l'usage de ressources publiques est une indication suffisante pour conclure à l'existence d'une aide publique. La démonstration de la preuve n'est point difficile.

2-Entreprises publiques

Au contraire, pour les entreprises publiques, la question est beaucoup plus compliquée en ce qu'il n'est pas toujours évident de placer l'action de l'État dans le cadre de ses activités régaliennes ou dans un contexte de marché.

C'est pour cette raison que l'Acte additionnel de la CEDEAO a cru devoir consacrer des dispositions spécifiques aux entreprises publiques.

L'article 9 de l'instrument communautaire dispose en son paragraphe 1 que « dans le cas d'entreprises publiques ou d'entreprises auxquelles les États membres accordent des droits spéciaux ou exclusifs, les États membres ne doivent ni prendre, ni maintenir en vigueur aucune mesure qui s'avère contraire aux règles contenues dans le présent ».

Il ressort de ce qui précède que le caractère public d'une entreprise n'est pas un motif valable en soi pour la soustraire aux règles de la concurrence.

Mieux, les règles antérieures et portant statut exorbitant au profit desdites entreprises devraient être abrogées par les États membres pour donner plein effet au nouveau régime juridique de la concurrence sur le marché communautaire de la CEDEAO.

Au demeurant, le paragraphe 2 de l'article précise à cette fin que « les entreprises chargées de la prestation de services d'intérêt général ou ayant un caractère de monopole en matière de génération de revenus, sont soumises aux règles contenues dans le présent acte additionnel, dans la mesure où lesdites règles ne font pas obstacle, *de jure* ou *de facto*, à l'exécution des tâches qui leur sont assignées ». Et il conclut sentencieusement que « le développement du commerce ne doit pas être affecté dans une mesure qui aille à l'encontre des intérêts de la communauté de la CEDEAO ».

On comprend que l'étendue du champ d'application des règles de concurrence est telle que même dans l'exécution d'un service public, elles demeurent contraignantes.

Pour notre part, seule une situation « **d'état de nécessité publique** » permet d'écarter l'application des règles de concurrence. C'est l'interprétation téléologique qu'il conviendrait de donner à la portée juridique des termes « ne font pas obstacle ». Donc, tant que l'entreprise publique peut satisfaire à la mission de service public à elle assignée, les règles de concurrence s'appliquent. Elles ne sont écartées qu'en cas d'impossibilité.

Avant de conclure sur ce point, il faudrait souligner que sont aussi à considérer les avantages conférés non pas à une entreprise mais à une production.

En vérité, certaines productions, qu'elles soient industrielles ou agricoles, ont un rôle vital dans l'économie d'un pays, que les actions d'administration y relatives sont au cœur des interventions économiques de l'État.

Pour éviter un cloisonnement du marché, l'Union européenne a choisi de centraliser les subventions de production.

Pour la CEDEAO, ces subventions devraient être prises en compte aux fins de la détermination d'une aide publique.

II-Le caractère anticoncurrentiel de l'aide

À l'examen d'un dossier, la conclusion à l'effet qu'une opération est une aide publique n'est pas suffisante pour que la prohibition opère. Il faut nécessairement que ladite aide soit anticoncurrentielle.

Sont considérées comme anticoncurrentielles les « aides qui faussent ou qui sont susceptibles de fausser la concurrence ».

Dans un premier cas, le cas manifeste et évident, l'appréciation est faite selon l'effet de l'aide. Il s'agit d'une situation concrète d'affectation de l'aide, donc d'un effet avéré. La preuve de fait est supposée avoir été établie.

Dans un deuxième cas, l'on est plutôt dans une situation d'anticipation. Mais l'anticipation doit porter sur un fait dont la survenance est d'une probabilité certaine. Il s'agit d'une gestion de risques dans le cadre de la gouvernance du marché notamment de la police administrative de son fonctionnement concurrentiel.

SECTION II :
DE L'EXEMPTION DE CERTAINES AIDES PUBLIQUES

Même ayant ou étant susceptibles d'avoir un effet anticoncurrentiel, certaines aides sont considérées comme « compatibles avec le marché commun ».

Au nombre de ces aides, certaines dérogent de plein droit aux règles de la concurrence, d'autres y sont soustraites après une procédure d'exemption.

I-Les exemptions de plein droit

De plein droit, les aides suivantes sont tenues pour être compatibles avec le marché commun de la CEDEAO :

- les aides à caractère social octroyées aux particuliers consommateurs, à condition qu'elles soient accordées sans être liées à une discrimination quant à l'origine du produit.

On comprend parfaitement que dans une construction communautaire, l'on ne puisse pas discriminer relativement à l'origine nationale du produit. Ainsi, dans le cas du Sénégal, les opérations traditionnelles de **« consommer sénégalais »** sont naturellement limitées par le principe de non-discrimination entre les produits de la CEDEAO.

Mieux, en application du sacro-saint principe du traitement national de l'OMC, une fois les barrières tarifaires extérieures franchies, les produits étrangers ne sauraient souffrir de discrimination relativement à une aide de caractère social accordée aux consommateurs particuliers.

- les aides destinées à remédier aux dommages causés par des calamités naturelles ou par d'autres évènements extraordinaires.

Il peut s'agir de production dévastée par des phénomènes climatiques ou des évènements exceptionnels comme l'épizootie d'oiseaux granivores au Sénégal.

II-Les exemptions sur demande

Le texte ne le précisent pas expressément, mais il ressort implicitement et raisonnablement de ses énonciations que les exemptions autres que celles qui sont acquises de plein droit sont obtenues après une procédure d'examen.

D'ailleurs, en principe, celles-ci sont constitutives du régime de droit commun.

À cette fin, le paragraphe 3 de l'article 8 de l'Acte additionnel indique que « peuvent également être considérées comme compatibles avec le marché commun de la CEDEAO » les aides publiques suivantes :

a) Les aides destinées à promouvoir le développement socio-économique dans des régions de la communauté où les niveaux de vie sont exceptionnellement bas et où sévit une grave situation de sous-emploi.

Cette situation envisagée participe du rôle régalien de l'État de maintenir un équilibre relatif entre les différentes régions d'un pays. Il en est de même des communautés économiques. Dans ce contexte, l'Union européenne a mis en place un système de mécanismes financiers destiné à cette fin. Ainsi, de nombreuses régions de l'Espagne et du Portugal en ont bénéficié avant. Aujourd'hui, c'est au tour des pays de l'Europe centrale et orientale (PECO), membres de l'Union européenne d'en profiter. Il faut préciser que l'Union finance des infrastructures (qui peuvent être des infrastructures de production) et aussi des productions considérées comme vitales pour le maintien ou le relèvement du niveau économique des régions ciblées.

Ces mesures peuvent être utilement complétées par des aides d'État accordées aux entreprises y opérant. Le cas échéant, lesdits avantages concédés sont éligibles à l'exemption au regard du principe de la prohibition des aides publiques par le droit de la concurrence.

S'agissant de la CEDEAO, il semble très difficile de mettre en œuvre un tel schéma.

D'abord, le niveau global de développement est très faible. Tout y est à faire quelle que soit la région. Évidemment, on comprend que tout est aussi relatif, car si l'on procède par comparaison, on perçoit effectivement l'existence de régions où le niveau de vie est **exceptionnellement bas.**

Mais le risque de l'exercice est que certains membres sont, dans la totalité de leur territoire, dans cette situation économique exorbitante.

Ensuite, la construction du marché commun de la CEDEAO est encore en chantier. Et de telles procédures d'accommodement peuvent créer des frustrations susceptibles d'affecter le processus de construction.

b) Les aides destinées à promouvoir la réalisation d'un projet d'intérêt communautaire important ou à remédier à une perturbation grave de l'économie communautaire.

En réalité, le but de la prohibition des aides d'État n'est pas de protéger la concurrence en soi, mais d'assurer le développement économique à travers celle-ci. Aussi, l'on comprend parfaitement que des projets, dont l'effet est profitable sur le développement communautaire, puissent sans conteste déroger au principe de l'interdiction des aides d'État.

c) Les aides visant à promouvoir le développement de certaines activités ou filières économiques, si cette aide ne porte pas préjudice aux conditions de transaction dans une mesure qui aille à l'encontre de l'intérêt commun.

De facto comme *de jure*, il s'agit de règlements d'exemption, qui sont des décisions à caractère général et impersonnel et qui profitent à tous les acteurs d'une filière.

Dans l'UE, c'est le cas pour les vins et les spiritueux. Ces produits sont un enjeu majeur dans la guerre commerciale que se livrent les entreprises de l'UE et celles des États-Unis d'Amérique.

À date, on n'a pas relevé sur le marché de la CEDEAO de filière de production susceptible d'appeler un règlement d'exemption eu égard à son importance commune relativement à la compétition avec des entreprises étrangères.

Le coton pourrait être envisagé, à notre avis, comme une filière répondant à cette exigence économique.

Des combats épiques ont été menés dans le contexte de l'OMC pour faire bénéficier à cette filière d'un traitement différencié spécifique pour les pays de l'Afrique, compte tenu de son importance dans la balance commerciale de la région, mais aussi de ses effets sur l'intégration des zones rurales à l'économie moderne.

d) Les aides destinées à promouvoir la culture et la conservation du patrimoine quand elles ne restreignent pas les conditions de transaction et la concurrence au sein de la communauté, dans une mesure qui aille à l'encontre de l'intérêt commun.

Il s'agit de la traditionnelle exception culturelle qui a généré des débats diplomatiques passionnants à l'OMC et à l'UNESCO.

En effet, depuis l'entrée en vigueur des Accords de l'OMC, notamment du GATT de 1994, de nombreuses forces politiques et sociales ont mené des batailles pour faire admettre que les produits culturels ne sont pas des marchandises comme les autres. Conséquemment, ils ne devraient pas être traités comme les autres produits, relativement à la libéralisation économique. Ce débat continue.

Des activités normatives importantes sur les sujets sont aussi amorcées.

Il convient d'ailleurs de relever que dans de nombreux systèmes de concurrence, les produits culturels bénéficient de l'exemption de plein droit.

En Afrique de l'Ouest, nul doute que les motifs ayant trait à l'importance de ces produits sur la préservation de l'identité culturelle sont pertinents.

Des mesures d'exemption aideraient grandement les politiques culturelles développées par les États et aussi par la communauté.

Il en est ainsi du secteur névralgique de l'industrie musicale. On note, par ailleurs, un développement certain d'une industrie cinématographique au Nigéria et au Ghana. Ce processus mérite d'être soutenu.

À cette fin, l'exemption peut jouer un rôle déterminant pour la conquête de parts de marché en Afrique, voire dans certains pays occidentaux abritant des communautés africaines.

Mais les normes consacrées aux aides d'État demeurent laconiques.

Il est surprenant de constater que les textes de la CEDEAO ne prévoient pas, à date, de procédure d'examen en matière d'aide publique. Cette lacune rend quasiment sans effet les dispositions de fonds, à moins de considérer que l'autorité de la concurrence pourrait établir sans règles formelles des pratiques de procédure.

Pour notre part, il convient de souligner que les règles de procédures sont les garanties d'une bonne administration de la justice. Aussi, des textes clairs et transparents sont nécessaires pour réaliser l'ambition de gouvernance transparente du marché communautaire que s'est assignée la CEDEAO.

SECTION III :
DES SANCTIONS DES AIDES PROHIBÉES

Différemment des pratiques internationales en la matière et de celles suivies par l'UEMOA et l'Union européenne, le remboursement de l'aide n'est pas expressément prévu.

Au contraire, il est simplement possible d'obtenir réparation de la part des concurrents qui auront prouvé avoir subi un préjudice. Cette sanction, qui aurait dû être complémentaire, est en réalité la seule prévue.

Au titre des « mesures de l'autorité relatives aux aides publiques et aux pratiques anticoncurrentielles imputables aux entreprises publiques » (art. 10), une indemnisation est prévue. Mais le texte est tellement mal rédigé qu'il ne correspond pas du tout au champ d'application envisagé par son intitulé.

En effet, contrairement à l'intitulé, les termes de l'article susvisé ne traitent que des pratiques anticoncurrentielles et non des aides publiques.

En vérité, on relève de l'analyse générale du régime CEDEAO de la concurrence, une certaine frilosité à réellement sanctionner les aides publiques ayant ou pouvant affecter la concurrence. Tout laisse à croire qu'on en traite par effet de mimétisme juridique sans une volonté politique d'agir dans ce domaine, au demeurant très délicat pour un marché commun naissant. Il faut bien reconnaître une certaine légitimité à la démarche prudentielle, mais tout est question de mesure.

Dans une construction juridique, il y a nécessairement des éléments de base. En matière répressive, la sanction procède de l'essence et de la finalité de l'action.

PARTIE III

LA PROTECTION DES CONCURRENTS

Le régime de protection de la concurrence par la répression des prohibitions répond à un besoin de préservation de l'ordre public. Même si, accessoirement, l'effet de la répression participe de la protection des intérêts commerciaux privés de concurrents, la prise en charge n'est pas totale. En vérité, ce n'est pas le but. Aussi, des leviers juridiques et judiciaires spécifiques ont été forgés pour répondre aux besoins de protection des concurrents.

Au nombre de ces leviers, les principaux procèdent du **droit de la concurrence déloyale** (sous-partie I) et de **la répression de la contrefaçon** (sous-partie II).

SOUS-PARTIE I : DE LA PROTECTION PAR LE DROIT DE LA CONCURRENCE DÉLOYALE

Seront évoquées les obligations de non-concurrence et l'action pertinente pour sanctionner son manquement, l'action en concurrence déloyale.

Il convient de rappeler qu'il est de l'essence d'une obligation de porter sur une prestation : donner, faire ou ne pas faire. L'obligation de non-concurrence est le prototype de l'obligation d'abstention.

Cette nature passive de l'obligation influence aussi la mise en œuvre de l'action en justice y afférente dans ses modalités pratiques.

Elle n'est pas contraire à la liberté du commerce et d'industrie : elle en est même une manifestation, selon la jurisprudence. Ainsi, il a été soutenu que « si la libre concurrence est admise au commerce, cela ne peut s'entendre que d'une concurrence loyale et non de celle qui tendrait à nuire à l'industrie par des moyens que réprouveraient la délicatesse et la probité commerciale »[48] .

48 CA Paris, avril 1842, source : D. Mainguy, M. Depincé et J.-L. Respaud, *opt. cit.*, p. 68.

CHAPITRE I

LES OBLIGATIONS DE NON-CONCURRENCE

L'obligation générale de loyauté, que la doctrine et la jurisprudence tiennent comme inhérente aux contrats dits de collaboration, a engendré la construction prétorienne d'une obligation générale de non-concurrence.

En effet, par une démarche de déduction logique, les juges ont bâti, sur le fondement de la loyauté, une obligation tendant à éviter un conflit d'intérêts quand un contrat, de par sa nature, suppose des actions concertées pour la réalisation de son objet.

Par ailleurs, dans les pratiques contractuelles en droit des affaires, il est de coutume de prévoir des clauses relativement à la protection d'une partie ou des parties contre la concurrence. C'est l'engagement contractuel de non-concurrence.

SECTION I : L'OBLIGATION LÉGALE DE NON-CONCURRENCE

Comme déjà indiqué, cette obligation est historiquement créée par la jurisprudence qui la considère comme une implication logique et nécessaire de la loi, en ce qui concerne le contenu obligationnel de certains contrats.

Avec l'évolution, cette obligation a été expressément consacrée par la loi dans certains cas, notamment en matière de droit du travail et pour certains contrats commerciaux.

I-L'obligation légale de non-concurrence en matière de travail

S'il y a une convention qui, par sa nature, appelle nécessairement une collaboration et une obligation de non-concurrence, c'est sans aucun doute le contrat de travail. Aussi, de longue date, les juges ont compté au nombre des obligations des travailleurs, celle de ne pas se mettre en position de conflit entre ses intérêts et ceux de son employeur, directement ou par l'intermédiaire d'une autre entreprise.

La récurrence de ses situations a amené le législateur à prévoir expressément cette obligation, tout en l'encadrant pour ne pas brimer les libertés naturelles de son débiteur, le travailleur.

Ainsi, en droit sénégalais, **l'article 35 du Code du travail dispose** que « le travailleur doit toute son activité professionnelle à l'entreprise, sauf dérogation stipulée au contrat.

Toutefois, il lui est loisible, sauf convention contraire, d'exercer, en dehors de son temps de travail, toute activité à caractère professionnel non susceptible de concurrencer l'entreprise ou de nuire à la bonne exécution des services convenus ».

Il ressort du texte sus-indiqué que le travailleur doit réserver ses prestations professionnelles à son employeur, autrement dit qu'il ne doit pas se mettre au service d'un autre employeur. Mais il faut bien garder à l'esprit que cette obligation a des limites objectives qui tiennent à la nature des prestations et aux intérêts en jeu.

S'agissant de la nature des prestations, l'obligation ne joue que s'il s'agit de la même activité. Aussi, un professionnel peut exécuter des prestations différentes au profit d'employeurs différents. Il en est ainsi de l'avocat qui, d'une part, pratique en cabinet, et d'autre part, dispense un cours de droit. Dans le même esprit, si les deux employeurs n'opèrent pas dans le même secteur d'activité, l'exclusivité du travail n'est pas exigée. Ainsi, beaucoup de professionnels des entreprises réalisent des activités de consultance pour le compte d'organismes d'études et de recherches, sans violer leurs obligations de non-concurrence vis-à-vis de l'employeur habituel.

Au total, il s'agit pour le salarié de ne pas se mettre en situation de conflit d'intérêt, en favorisant un concurrent de l'employeur ou en profitant lui-même indûment de son emploi au détriment de son entreprise.

L'obligation de non-concurrence réfère également à la confidentialité de l'information commerciale et aux secrets industriels détenus par le salarié dans le cadre de son emploi. Toute divulgation est constitutive d'une faute, et ce même en l'absence de dispositions expresses, à cet effet.

Même l'exercice de la liberté d'expression dans un cadre syndical n'exonère pas un travailleur de son obligation de loyauté. Aussi, il ne saurait en profiter pour dénigrer en public les produits ou méthodes de fabrication de l'employeur.

De tout ce qui précède, il ressort que l'obligation de non-concurrence du travailleur est large. Et par ailleurs, il convient de souligner que, bien souvent, elle survit à la cessation d'emploi.

Mais en doctrine, certains auteurs ont tenté de soutenir le contraire. Ainsi, en droit québécois, il a été affirmé que l'obligation post-emploi est « une protection restreinte ». L'auteur précise que cette « obligation » ne peut certainement pas être perçue comme une solution de rechange à l'obligation de concurrence d'origine conventionnelle. Elle reste impuissante à restreindre le droit des salariés d'user librement de leurs connaissances et compétences pour servir les clients qui requièrent leur savoir-faire ou leur expertise »[49].

Pour notre part, cette appréciation pêche par une fixation sur le rôle de l'expertise personnelle du travailleur dans une économie de savoir-faire.

Bien évidemment, le travailleur a pu contribuer à la constitution de la position concurrentielle de l'employeur, mais ce n'est pas pour autant qu'il devient un associé ou copropriétaire du fonds de commerce : la clientèle en étant l'élément principal.

Autant, il ne peut réclamer la restitution de ses prestations, autant il ne peut prétendre à un droit sur la plus-value technologique de son ancien employeur. Le tout sera de distinguer ce qui relève de la personne de l'employeur et ce qui ressort de son activité en qualité de salarié. La tâche n'est pas facile pour les juges, mais elle n'est pas impossible.

II-L'obligation légale de non-concurrence dans certains contrats commerciaux

Pour les besoins de l'analyse, par « contrats commerciaux » nous visons les conventions portant sur la distribution d'un produit, l'exploitation commerciale d'un fonds de commerce (location-gérance, contrat de franchise) ou de droits de propriété intellectuelle (contrat de concession de licence).

L'obligation légale de non-concurrence peut être explicite ou implicite.

---

[49] R. Bonhomme, « Les développements récents de l'obligation de non-concurrence », Barreau du Québec, service de Formation continue, 2008.

A-Le contrat de distribution

Le contrat de distribution est une convention par laquelle un fabricant de produits en réserve la distribution à un certain nombre de commerçants. En général, ce type d'accord est assorti de clauses d'exclusivité de vente et d'achat. Ainsi, le fabricant ne vend qu'aux distributeurs « agréés », ceux-ci s'approvisionnent exclusivement chez lui, et, par ailleurs, s'interdisent de vendre les produits similaires.

Il est évident que, de par sa nature, un contrat de distribution emporte une obligation de non-concurrence fondée sur l'obligation de loyauté.

En droit sénégalais, le contrat de distribution ne figure pas au nombre des contrats spéciaux. Mais au nom de la liberté contractuelle, les commerçants peuvent conclure un contrat par eux qualifié « contrat de distribution ».

Par ailleurs, l'examen des dispositions du Code des obligations civiles et commerciales (COCC) permet de se rendre compte que le contrat de distribution est prévu dans ce texte, même s'il ne fait pas l'objet d'un traitement particulier, comme c'est le cas des contrats spéciaux. En effet, l'article 275 est consacré aux deux clauses qui en sont les traits caractéristiques, à savoir les clauses d'exclusivité d'achat et de vente.

En raisonnant par analogie avec le droit français, on peut conclure qu'en droit sénégalais aussi, le contrat de distribution comporte implicitement une obligation légale de non-concurrence.

B-Le contrat de location-gérance

C'est un contrat qui porte sur l'exploitation d'un fonds de commerce.

Il est défini par le COCC, article 106 AU-DCG comme un « contrat par lequel un commerçant concède la location de son fonds de commerce à un autre commerçant qui l'exploite à ses risques et périls ».

Il est évident que l'élément le plus important du fonds de commerce, objet du contrat de location-gérance, est la clientèle. Aussi, c'est en toute logique que l'on considère qu'il y a une obligation légale implicite de non-concurrence à la charge du bailleur. Toute action tendant à détourner la clientèle acquise serait une violation du contrat de location gérance et ce, même en l'absence de stipulations expresses.

C-Le contrat de société

De tous les contrats commerciaux, le contrat de société commerciale est sans conteste celui qui exprime le plus une solidarité des partenaires en affaires. La société commerciale peut se définir de manière simple comme une mise en commun d'apports entre des associés en vue d'exploiter une activité économique et de partager les bénéfices qui pourraient en résulter.

L'article 4 de l'acte uniforme de l'OHADA[50] sur les sociétés commerciales précise utilement que « la société commerciale doit être créée dans l'intérêt commun des associés ». *A contrario*, cela implique une obligation légale de non-concurrence à la charge des associés.

L'intensité de cette obligation de non-concurrence varie selon la fonction occupée par l'associé. Aussi, les administrateurs et les gérants ont-ils une obligation de non-concurrence plus large que l'associé, qui n'a aucune responsabilité statutaire sur le fonctionnement de la société commerciale. L'obligation légale de non-concurrence, qui

[50] L'Organisation pour l'harmonisation du droit des affaires en Afrique.

se déduit des dispositions relatives au but de la société commerciale peut, le cas échéant, se cumuler avec l'obligation résultant des dispositions pertinentes du droit du travail.

SECTION II : LES OBLIGATIONS CONTRACTUELLES DE NON-CONCURRENCE (CLAUSES CONTRACTUELLES DE NON-CONCURRENCE)

La liberté de commerce et d'industrie, notamment le droit d'entreprendre une activité et de gagner sa vie, est mise à rude épreuve par la pratique contractuelle du milieu des affaires. Dans ce milieu, les clauses dites de non-concurrence sont très usitées. Et naturellement, leur effet restrictif interpelle les législateurs et les tribunaux.

Ces clauses restrictives de liberté sont de plus en plus tolérées, mais avec un encadrement strict dont le but est de limiter les excès et les abus relativement à la vulnérabilité d'un ancien salarié ou d'un ancien partenaire en affaires.

À coup sûr, l'origine comme le lieu de prédilection de tels engagements sont les contrats de travail. Mais en s'inspirant du contrat de travail, les acteurs économiques ont une tendance bien marquée à les insérer dans des contrats d'affaires comme ceux qui ont été examinés plus haut.

Après l'étude de la typologie des clauses souvent utilisées, il est nécessaire d'exposer l'encadrement législatif et jurisprudentiel desdites clauses.

I-Typologies des engagements contractuels de non-concurrence

Il faut distinguer la clause de non-sollicitation de la clientèle de celle concernant la loyauté, la confidentialité et la clause de non-concurrence.

Évidemment, la différence n'est point de nature mais plutôt de degré.

A-La clause de non-sollicitation de la clientèle

La sollicitation comprend tout acte de démarchage en direction de la clientèle connue dans l'ancien emploi ou dans le cadre d'un partenariat d'affaires qui a pris fin ou dont on n'est plus partie. Elle implique alors des gestes positifs tendant à une offre de service ou de produit. Il s'ensuit qu'il faut nécessairement que l'initiative de la relation d'affaires vienne du débiteur de l'obligation de non-concurrence et non de la clientèle.

En tout état de cause, certains gestes anodins ou naturels ne sauraient être considérés comme une sollicitation de la clientèle. Il en est ainsi du fait d'informer la clientèle de son départ. Mais à notre avis, cette information ne doit pas être formulée de sorte qu'elle puisse être assimilable à une invite à suivre le professionnel dans ses nouveaux projets ou ses nouvelles activités.

Exemple : un médecin qui avise qu'à compter de telle date, il ne sera plus en activité dans la clinique qui l'emploie. Cette information est *a priori* correcte.

En revanche, si le praticien ajoute, à l'intention de la clientèle, qu'il pourrait être joint dans telle ou telle nouvelle adresse professionnelle, on peut légitimement soupçonner un démarchage de la clientèle.

Il faudrait tout de même faire la distinction entre la sollicitation active et la sollicitation dite passive.

La sollicitation passive ne saurait être interdite par la clause de non-sollicitation : elle consiste en un démarchage de la clientèle du marché en cause par des moyens usuels et sans ciblage de la clientèle objet de la clause. La question n'est pas le dommage, mais l'absence de faute.

Aussi, c'est à juste raison qu'il a été affirmé que « la sollicitation passive ou générale est un fait **dommageable** pour l'entreprise qui ne peut être interdit, de sorte que l'entreprise doit en subir les conséquences. Du point de vue juridique, la clientèle qui suivra le professionnel quittant *proprio motu* ou qui est sollicité par une publicité générale, visant tous les potentiels clients et non ceux qui faisaient partie de l'ancienne clientèle, ne peut donner lieu à des dommages et intérêts »[51].

Le contentieux se jouera donc sur l'administration de la preuve d'une faute : la démonstration d'un dommage n'est pas suffisante pour obtenir le bénéfice d'une réparation : on n'est pas dans le cas d'un système de responsabilité automatique.

B-La clause de loyauté et de confidentialité

Le commerce moderne est caractérisé par le développement de nouvelles technologies de fabrication, mais aussi d'un savoir-faire commercial de plus en plus déterminant dans la concurrence que se livrent les entreprises. D'où la grande importance que les entreprises accordent à la confidentialité des informations techniques qualifiées de secrets d'entreprise.

[51] P. Iannuzzi, *L'obligation de non-concurrence dans les sociétés de professionnels : vers une théorie de la liberté de choix contractuelle*, Montréal, éditions Wilson & Lafleur, 2006.

Aussi, n'hésitent-elles pas à exiger des employés, notamment des cadres, des engagements qui vont au-delà de la protection légale conférée à cet effet.

L'obligation contractuelle de loyauté et de confidentialité survit à la cessation de la collaboration. Il s'agit donc d'une obligation exorbitante car, en principe, un contrat ne produit pas effet après cessation.

C-La clause de non-concurrence

Il s'agit tout simplement d'un engagement à ne pas entreprendre ni prendre part à une activité qui est de nature à faire concurrence directement à l'ancienne structure avec laquelle collaborait le travailleur ou le partenaire.

II-L'encadrement législatif et jurisprudentiel des obligations contractuelles de non-concurrence

Une clause contractuelle de non-concurrence peut mettre son débiteur dans une grande précarité économique, difficilement justiciable dans une société libre et démocratique. D'où les interventions du législateur et du juge pour corriger les excès, notamment en matière de travail. Cela est tout aussi valable pour les autres arrangements contractuels, qui impliquent une collaboration technique ou commerciale.

Pour être valable, une clause restrictive de liberté ne doit pas être excessive.

Aussi, en matière d'obligations de non-concurrence, il est de coutume pour le législateur et le juge de limiter la portée à ce qui est nécessaire pour protéger les intérêts légitimes du créancier de l'obligation.

Trois critères sont pertinents pour apprécier le caractère nécessaire : la nature de l'activité, la durée et le territoire.

En droit du travail sénégalais, l'encadrement des engagements contractuels de non-concurrence est d'une sévérité exceptionnelle. *A priori*, un tel engagement n'est valable que si la rupture de la relation de travail est imputable au travailleur ou résulte d'une faute lourde de la part de celui-ci. D'une idée de protection, on passe à une idée de sanction. Et même dans ce cas, l'article 35 précise que « l'interdiction ne peut porter que sur une activité de nature à concurrencer l'employeur, elle ne peut dépasser un an et ne peut s'appliquer que dans un rayon de 50 kilomètres autour du lieu de travail ».

Cependant, en l'absence d'une telle disposition, on peut considérer que dans les matières commerciales, le juge sénégalais pourrait exercer plus largement sa discrétion pour apprécier la validité des engagements de non-concurrence. Il est évident qu'il devra tenir compte des circonstances propres à chaque espèce et de l'équilibre contractuel des intérêts en cause.

CHAPITRE II

DE L'ACTION EN CONCURRENCE DÉLOYALE

Le droit de faire concurrence n'est pas et ne saurait être une licence pour agir de manière contraire à la bonne conduite. La bonne conduite est une exigence sociale, même dans le domaine des affaires.

Comme en droit commun, certains agissements préjudiciables aux concurrents sont sanctionnés par des mesures de réparation. L'action en concurrence déloyale est l'outil dont dispose les commerçants pour obtenir réparation pour des faits de concurrence fautifs, excessifs et non justifiables.

L'action en concurrence déloyale sanctionne les fautes délictuelles, autrement dit, elle procède d'un régime de responsabilité extracontractuelle, à la différence des régimes contractuels. Cette distinction est peut-être de peu d'intérêt en droit sénégalais, mais très importante en droit québécois.

L'action en concurrence déloyale est, par ailleurs, une construction prétorienne et doctrinale. Les juges et les auteurs se sont inspirés du droit commun de la responsabilité civile pour bâtir un outil de protection des concurrents. Aussi, cette action n'a pas de fondement légal particulier. Les règles qui régissent la responsabilité civile délictuelle demeurent applicables (118 COCC). La particularité est dans le type de fautes prises en considération. Ces fautes, dont nous étudierons la typologie, sont propres à la concurrence. Il en est de même du préjudice subi.

En droit français, la compétence du tribunal de commerce à l'exclusion du juge du droit commun est aussi un élément de particularité de l'action en concurrence déloyale. En droit sénégalais, en l'absence de juridictions consulaires, ce problème ne se pose pas.

SECTION I : TYPOLOGIE DE LA FAUTE DANS UN CONTEXTE DE CONCURRENCE

Un certain nombre d'agissements sont répertoriés comme étant les actes fautifs les plus couramment commis par les entreprises dans leurs relations avec les concurrents. Évidemment, cette liste dressée sur la base des causes soumises aux juridictions n'est pas exhaustive. Et, en tout état de cause, la faute civile dans son acceptation générale reste pertinente pour enclencher l'action en réparation.

Cela dit, la typologie de la faute dans un contexte de concurrence permet de relever les actes suivants : l'imitation des produits d'un concurrent, le débauchage, le dénigrement et le parasitisme.

I-L'imitation

L'imitation est une reproduction des éléments caractéristiques des signes utilisés par un concurrent. Le but est de créer la confusion dans l'esprit de la clientèle.

Elle consiste, le plus souvent, à la reproduction partielle ou entière de l'enseigne (signe d'identification des établissements), du nom commercial (nom de l'entreprise) ou des outils de présentation, comme l'emballage (couleurs, formes, etc.). Elle peut aussi se révéler dans la communication commerciale, comme la publicité.

C'est donc une tromperie en vue de détourner à son profit une clientèle fidélisée par un concurrent. Cet acte déloyal peut faire perdre d'énormes parts de marché à l'entreprise victime. Mais, en outre, il s'agit d'une manœuvre dolosive relativement à la clientèle, dont la décision d'achat est viciée. Aussi, l'imitation peut donner lieu à une action de l'entreprise victime, mais les associations consuméristes sont, dans certains cas, admissibles à agir en réparation et surtout aux fins d'une injonction en cessation.

Il convient de préciser que si l'atteinte porte sur un signe protégé comme une marque, l'action appropriée est l'action en contrefaçon.

Cependant, l'action en contrefaçon n'est pas un succédané (procédure de remplacement) de l'action en concurrence déloyale (pas de conclusions subsidiaires, notamment dans le genre « à défaut contrefaçon, condamner au titre concurrence déloyale »).

La première a pour but unique la sanction d'un droit protégé par une norme de propriété intellectuelle. Par ailleurs, la seule atteinte au droit protégé suffit pour fonder le droit d'action. Nul besoin de prouver un préjudice, encore moins une quelconque mauvaise foi du contrefacteur.

Par conséquent, si, par ignorance ou insouciance, un commerçant utilise un signe sans procéder à son enregistrement à titre de marque, il pourrait, en cas de besoin, explorer la voie de l'action en concurrence déloyale pour se faire compenser un préjudice. Toutefois, les conditions requises ne sont pas les mêmes et dans certains pays, les juridictions compétentes sont différentes. Il en est de même pour le droit applicable.

II-Le débauchage

Dans l'économie moderne, la qualité des ressources humaines est une des meilleures armes concurrentielles. Le savoir-faire du personnel et la réputation sont les axes de la concurrence dans certains domaines dans lesquels la clientèle noue une relation de confiance voire affective avec les prestataires de services. Il en est ainsi des cabinets d'avocats, de médecins ou des entreprises audiovisuelles. Aussi, c'est dans le domaine de l'attraction des ressources humaines que se gagne souvent la bataille de la concurrence. Mais comme dans les autres domaines de concurrence, tout n'est pas permis. C'est le cas du débauchage, qui vise à désorganiser le concurrent : inutile de préciser que tout départ d'un salarié pour le service d'un concurrent n'est pas constitutif d'un débauchage, en tant qu'acte de concurrence déloyale.

Quand le départ intervient au terme d'un contrat de durée déterminée ou après une rupture faite selon les règles et procédures prévues à cet effet, le concurrent, nouvel employeur, ne saurait être poursuivi avec succès pour concurrence déloyale.

Le débauchage consiste en une opération agressive visant à faire démissionner des salariés qualifiés ou réputés d'une entreprise concurrente. Quand la rupture des liens d'emploi se fait de manière intempestive et/ou massive à l'instigation d'un concurrent, ce dernier pourrait engager sa responsabilité civile délictuelle. Cette responsabilité est d'autant plus grande que l'entreprise victime est désorganisée dans son fonctionnement par l'opération de débauchage. Il en est de même si le personnel débauché est tenu par des obligations de non-concurrence. On peut également rechercher la responsabilité de ce personnel débauché sur le fondement du régime contractuel.

Le cumul des actions et, par conséquent, des conclusions en vue d'une condamnation *in solidum* devrait être admis par les juridictions.

III-Le dénigrement

Pratique détestable de la vie sociale, le dénigrement est également très usité dans la compétition entre entreprises.

En lieu et place de se battre pour atteindre l'excellence, nombre de joueurs préfèrent l'attitude facile et négative consistant à jeter indûment le discrédit sur le ou les concurrents ou sur leurs produits et services.

Le dénigrement peut porter sur la personne même du concurrent. Il en est ainsi des propos mensongers portant atteinte à l'honneur et à la dignité du professionnel concurrent ; par exemple, dans le secteur de la petite enfance, faire courir le bruit qu'une gérante de garderie est violente, toxicomane ou pédophile suffit à désorganiser totalement son entreprise. Les parents sont particulièrement sensibles au sujet de telles allégations, qui sont d'ailleurs constitutives du délit pénal de la diffamation.

Le dénigrement peut également porter sur l'entreprise, son mode de fonctionnement, son outillage, le non-respect de la législation sociale, etc.

Il peut aussi viser les produits des concurrents et leur composition. Imaginez un peu une allégation selon laquelle une composante d'un produit concurrent est suspectée d'être cancérigène. La peur du cancer a plusieurs fois fait disparaître des produits sans que les faits allégués ne soient établis avec certitude. Les associations consuméristes développent assez souvent une approche abusive du principe de précaution.

Même la divulgation fautive d'informations judiciaires concernant un concurrent peut donner ouverture à des poursuites pour dénigrement. En droit français, une entreprise a pu être condamnée pour dénigrement, alors même qu'elle avait initié avec succès une procédure en concurrence déloyale contre son concurrent.

Des faits de la procédure, il ressort que la société E4R et sa concurrente, Lamalo, distribuent des produits cosmétiques pour des sportifs : E4R assigne Lamalo pour concurrence déloyale et obtient un jugement de condamnation en première instance. Et dans un élan frauduleux, E4R s'empresse d'informer les autres distributeurs de la condamnation de son concurrent.

À son tour, la société défenderesse dans la procédure initiale se retourne contre la demanderesse pour dénigrement.

Le raisonnement de la cour d'appel de Paris est admirablement conduit à cette occasion.

Les juges ont estimé que « considérant que la société Lamalo qui conclut à la confirmation du jugement entrepris, réplique que la société E4R a commis des actes de dénigrement à son égard en faisant parvenir à l'ensemble de ses partenaires commerciaux du secteur des cosmétiques pour sportifs un courriel qui faisait mention d'une décision de justice, sans préciser qu'elle n'était pas définitive, pour être l'objet d'un appel devant la cour d'appel de Pau et du fait qu'elle commercialiserait des "copies" des produits de la société E4R, en la faisant passer pour une société contrefactrice et ainsi tenter de détourner sa clientèle, qu'elle estime que la faute de la société E4R n'est pas sérieusement discutable et qu'il en est résulté un préjudice majeur en ce qu'elle a vu ses partenaires et distributeurs se détourner d'elle et refuser de poursuivre la commercialisation de ses produits, ce qui n'a pu avoir que des conséquences irrémédiables pour la poursuite de son activité.

Considérant que caractériser un acte de dénigrement constitutif de concurrence déloyale, le fait de jeter le discrédit sur une entreprise concurrente en répandant des informations malveillantes sur les produits ou la personne d'un concurrent pour en tirer un profit, que des allégations, comme l'ont rappelé à juste titre les premiers juges, peuvent être constitutives de dénigrement quand bien même l'information divulguée serait exacte ou de notoriété publique, **l'exception de vérité n'étant pas applicable en matière de dénigrement** »[52].

On retient de l'analyse du juge que la vérité des faits divulgués ne purge pas l'intention frauduleuse. Outre-Atlantique, il y a déjà quarante ans que les juges soulignent aussi très particulièrement la mauvaise foi comme élément suffisant pour entrer en voie de condamnation pour dénigrement[53].

IV-Le parasitisme

Le parasitisme consiste, pour une entreprise, à se positionner sur le sillage d'un concurrent en vue de profiter de sa notoriété, de son savoir-faire ou de ses investissements techniques ou commerciaux (susciter la réflexion sur les similitudes avec l'enrichissement injustifié). Dans une affaire en date du 16 février 1989, la cour d'appel de Paris a tenté de fixer les contours de ce concept en ces termes : « la concurrence ne saurait s'exercer sans le respect des règles du jeu et dans le mépris des usages loyaux du commerce qui seraient foulés aux pieds lorsqu'une progression sur le marché serait attendu non d'un effort personnel, mais de pratiques parasitaires tendant à la captation des fruits de celui d'autrui ».

Il convient de noter que le parasitisme ne nécessite pas un risque de confusion. L'illicéité est établie par le simple fait de profiter indûment des efforts d'autrui.

---

52 Cour d'appel de Paris, arrêt du 27 janvier 2016.

53 Cour suprême du Canada, MacDonald et al. c. Vapor Canada Ltd., 30 janvier 1976.

La jurisprudence française dont nous nous inspirons a beaucoup évolué sur ce point.

En effet, dans un arrêt du 7 mars 1989, concernant la société Craemer et la société Alibert, la Cour de cassation déclarait ce qui suit « attendu qu'après avoir constaté qu'il n'existait aucun risque de confusion dans le choix des produits, la cour d'appel a pu estimer que le dessein de la société Craemer de permettre une utilisation indifférenciée des bacs de l'une ou l'autre fabrication répondait à une politique commerciale de normalisation des produits qui ne pouvait être considérée comme une pratique déloyale constitutive d'une faute, que le moyen n'est donc pas fondé ».

SECTION II : LE PRÉJUDICE EN MATIÈRE DE CONCURRENCE DÉLOYALE

D'emblée, il conviendrait de préciser que l'évaluation du préjudice en matière de concurrence déloyale ne déroge pas à la philosophie qui préside au régime de droit commun de la responsabilité civile dans les pays de tradition civiliste comme la France et le Sénégal. L'action en concurrence déloyale n'est pas motivée par des considérations punitives mais plutôt et exclusivement par la compensation, autrement dit la réparation.

Aussi, la gravité de la faute commise par le concurrent indélicat est indifférente quant à l'évaluation des dommages et intérêts.

Les dommages et intérêts dus à une entreprise victime d'une déloyauté de la part d'un concurrent compensent la perte subie ou le gain dont elle est privée, autrement dit le manque à gagner. Naturellement, un détournement de clientèle se manifeste le plus souvent par un manque à gagner. Pour le déterminer, le juge tient compte du préjudice futur lorsqu'il est certain et qu'il est susceptible d'être évalué. L'évaluation d'un manque à gagner commercial est un exercice très complexe, car elle fait souvent appel à des calculs savants. Aussi, le juge et les parties font presque toujours appel à des rapports d'expertise. Évidemment, ces rapports ne lient pas le juge, mais de tels documents permettent de mieux comprendre la réclamation de la victime, qui ne doit pas en profiter pour régler des difficultés de trésorerie. Autant dire que la prudence ou le scepticisme est de rigueur en la matière.

À cette difficulté s'ajoute l'exigence d'un rapport de concurrence entre l'entreprise requérante et celle présumée responsable d'une déloyauté.

À ce sujet, il faudrait rappeler que le critère pertinent est celui du marché en cause. Les parties doivent offrir des biens et ou des services identiques ou similaires.

Pour conclure, il faut rappeler que le lien de causalité demeure une exigence. En effet, le préjudice doit être une conséquence directe de l'acte de déloyauté et non une perte de compétitivité résultant du jeu normal de la concurrence. Dans un tel jeu, il y a nécessairement un risque de perte de gain, voire une faillite et tel est le sens même d'un marché concurrentiel.

En jurisprudence, faute d'établir un lien de causalité directe entre une perte de chiffre d'affaires. Des juges ont été amenés à condamner à une somme forfaitaire contrairement à l'esprit civiliste de la concordance entre le préjudice et l'indemnisation[54]. Le caractère répressif du droit de la concurrence a dû influencer les juges. Mais l'essentiel est dans la difficulté de l'imputabilité de la perte de chiffre d'affaires.

---

[54] Cour d'appel de Paris, Sofrigam c/ Softbox Systems, 28 mars 2014.

SOUS-PARTIE II : DE LA PROTECTION DES CONCURRENTS PAR LA RÉPRESSION DE LA CONTREFAÇON

Est une contrefaçon toute atteinte à un droit de propriété intellectuelle et, en l'espèce, une atteinte au droit de marque.

Certes, le but de la marque, relativement au marché, est la différenciation d'un produit ou d'un service vis-à-vis de produits et/ou services identiques ou similaires. Il s'agit de l'affirmation d'une identité propre, d'une distinction en vue de fidéliser une clientèle.

D'un point de vue psychologique, le consommateur est attaché au produit marqué d'une réputation de qualité. Cette réputation de qualité n'est pas prise en compte dans les conditions d'admissibilité de la marque, mais elle n'est pas absente dans l'esprit de la loi.

Les manœuvres tendant à créer une confusion dans l'esprit de la clientèle sont concurremment réprimées par le droit de la concurrence, le droit de la consommation et le droit de la propriété intellectuelle.

En ce qui concerne, le droit de la concurrence, l'action en concurrence déloyale permet de faire respecter la transparence, eu égard aux signes commerciaux usités sur le marché.

En plus de cette action de base, offerte par le droit de la propriété intellectuelle, il renforce grandement les opérateurs économiques qui ont investi des efforts et des capitaux importants dans des opérations de conquête de la clientèle.

Les actions de déloyauté commerciale portent également de plus en plus sur les produits brevetés. En effet, l'innovation technique est devenue un instrument de premier plan pour l'attraction de la clientèle. D'où la tentation forte de copier et souvent de manière subtile, les contenus brevetés de produits concurrents.

La protection à ce sujet est également pertinemment envisagée pour assurer une gouvernance transparente de la concurrence.

Quant au moyen procédural de protection contre les atteintes, c'est l'action en contrefaçon.

Les atteintes contre un monopole d'exploitation commerciale d'un titulaire de droit de propriété intellectuelle sont tenues pour être incompatibles avec le bon fonctionnement d'un marché concurrentiel.

À l'inverse, les abus de droit sont eux aussi restrictifs de concurrence et sont réprimés.

Toutefois, relativement à la protection des concurrents, les développements seront limités à l'action en contrefaçon.

La déchéance comme sanction d'un abus de droit de propriété intellectuelle procède plus de la protection de la concurrence que de la protection des concurrents.

CHAPITRE I

DE LA CONTREFAÇON

Comme indiqué plus haut, les atteintes portent généralement sur les droits de marque et de brevet, eu égard au contexte d'une relation concurrentielle. Mais il faut garder à l'esprit que toute atteinte à un droit de propriété intellectuelle est une contrefaçon. Il pourrait s'agir d'un droit sur une variété végétale protégée par un certificat d'obtention végétale (COV), d'une usurpation d'une appellation d'origine. Même les atteintes aux droits de propriété littéraire et artistique sont qualifiées de contrefaçon.

SECTION I : LES ATTEINTES AU DROIT À LA MARQUE : LA CONTREFAÇON

Les atteintes au droit de marque sont en général classifiées en catégories distinctes par la loi. Mais la liste est toujours indicative.

Au nombre des atteintes au droit de marque, figurent les actes suivants.

I-La reproduction

Il s'agit d'une duplication à l'identique de tout ou partie d'un signe utilisé en tant que marque. S'agissant particulièrement de la reproduction partielle, elle concerne le plus souvent des marques complexes. Ainsi, on ne peut pas reprendre le signe figuratif des trois bandes d'Adidas, même si l'on utilise une autre désignation. Par ailleurs, même si les deux vont souvent de pair, il faudrait distinguer la reproduction de l'usage. Il peut y avoir reproduction sans usage, la reproduction étant la simple fabrication du signe. Exemple : le seul fait de reproduire une bouteille à l'identique de celle de la compagnie Coca-Cola est contrefaisante.

En général, la reproduction est le premier acte vers l'usage. Mais la protection renforcée en tant que propriété permet d'agir utilement indépendamment de l'usage.

Si en droit français la reproduction est une infraction autonome (art. 713-2), l'interprétation littérale de l'article pertinent du traité OAPI, article 37, n'autorise pas une telle conclusion.

II-L'imitation

Dans ce cas, il ne s'agit pas de reproduire la marque en partie ou en totalité, l'opération consiste en un emprunt de certains éléments. L'intention frauduleuse ou la manœuvre de confusion est révélée par l'effet sur la clientèle. On peut donner l'exemple d'un équipementier de sport qui appose sur ses produits le signe figuratif de deux bandes parallèles sur les manches et la désignation d'Adidas.

III-L'usage

L'usage est un terme générique qui englobe tous les actes de concurrence entre la fabrication et la vente du produit. L'usage doit également s'entendre d'un usage commercial et non d'un usage à titre privé.

Sont constitutifs d'un usage un certain nombre de faits dont la publicité pour des produits dont on ne détient pas la marque, l'apposition sur des correspondances. Il en est de même de l'utilisation à titre de nom commercial. C'est le cas d'une personne qui indique qu'elle exploite une boutique Orange, alors même que les produits vendus n'ont rien à voir avec la marque considérée.

IV-La substitution de produit

L'article 37 du Traité OAPI réprime les actes de substitution. De ses termes, il ressort qu'est une substitution le fait de livrer un produit autre que celui qui a été demandé sous une marque déposée. Concrètement, il s'agit d'une tromperie sur la commande. Exemple, vous demandez du Coca-Cola, on vous sert du Pepsi-Cola sans rien vous dire. Croyant avoir consommé du Coca, vous avez été contraint à prendre du Pepsi.

SECTION II :
LES ATTEINTES AU DROIT DE BREVET

La concurrence par la technologie a ceci de spécifique : non seulement elle répond aux besoins de plus en plus complexes de consommateurs exigeants, mais en plus, elle crée chez les consommateurs des besoins nouveaux dits tendances. Ces besoins nouveaux procédant de la société de consommation constituent un marché très rémunérateur pour les offreurs.

Toute chose égale par ailleurs, les concurrents déploient aussi des trésors d'ingéniosité pour copier ceux qui auront élaboré de nouveaux produits ou procédés.

Le droit français, qui a inspiré le droit africain, a dépénalisé le délit de contrefaçon. Par conséquent, dans ce pays, l'atteinte n'est traitée que dans ses aspects civils.

Quant au droit africain, l'atteinte est analysée d'abord sous l'angle pénal avant de prendre en compte ses aspects civils, relativement à la protection des intérêts privés du breveté.

Est une atteinte toute violation du droit conféré. De ceci, il résulte que pour assurer la protection d'un brevet, le premier exercice à faire est de circonscrire l'étendue de la protection. À ce sujet, il faut noter que l'étendue de la protection est déterminée par les revendications. La description et les dessins servent à interpréter lesdites revendications. Une fois établie l'étendue de la protection, on compare l'objet de la protection avec l'acte argué de contrefaçon.

Les atteintes :

Selon l'article 58 de l'annexe 1 du traité de Bangui, sont constitutifs d'une atteinte les faits suivants :

• l'emploi de moyens faisant l'objet d'un brevet,

• le recel,

• la vente ou l'exposition en vente,

• l'introduction de l'objet breveté sur le territoire national d'un état membre de l'OAPI.

Dans ce contexte, la doctrine et la jurisprudence ont dégagé certaines règles générales pour servir de balise au juge :

• la copie servile : c'est la reproduction à l'identique,

• les variantes d'exécution : cette règle est à l'effet que les simples différences ne sont pas de nature à couvrir une atteinte. En tout état de cause, la contrefaçon s'apprécie en fonction des ressemblances et non des différences. Il s'ensuit que plaider des différences n'est pas pertinente, ce qui compte c'est la similitude quant aux aspects essentiels des moyens techniques caractéristiques du produit ou du procédé litigieux.

CHAPITRE II

DE L'ACTION EN CONTREFAÇON

L'instrument procédural approprié pour la défense de la marque en tant que propriété intellectuelle est l'action en contrefaçon. C'est une action spécifique. L'action en contrefaçon relève d'un souci de protection renforcée du droit de propriété intellectuelle contre les atteintes. Aussi, c'est une action comportant plusieurs aspects. Elle est à la fois civile et pénale, car au-delà de la réparation, elle postule la répression.

Le lien entre les deux finalités judiciaires résulte, comme il a souvent été souligné, de l'inséparabilité factuelle de la protection de la concurrence et de la protection des concurrents. En doctrine, on proclame quasi religieusement que relativement au droit procédural, l'action en concurrence déloyale ne saurait être une succédanée de l'action en contrefaçon.

Au fond, la distinction est fondée, comme on le dit en droit canadien, sur une simple *technicalité juridique*.

En pratique, il est courant d'invoquer subsidiairement la concurrence déloyale dans une procédure de contrefaçon. Il arrive qu'une telle démarche prospère. C'est ainsi que la cour d'appel de Paris, après avoir débouté un demandeur pour contrefaçon, a condamné le défendeur pour concurrence déloyale. Son raisonnement a été conduit de manière rigoureuse et s'articule comme suit : « que bien qu'en l'absence de droits privatifs, le seul fait de commercialiser des produits similaires à ceux distribués par un concurrent ne soit pas, en soi, fautif, il résulte des pièces versées aux débats par les intimées (extraits d'études 'Luxury Fashion Designer', coupures de presse, catalogues, attestations émanant de personnalités impliquées dans le domaine de la mode) que la société Bottega Veneta était classée en tête des marques de luxe prestigieuses en 2006, précédant les sociétés Hermès ou Dior (classées 2e et 15e), que les sacs commercialisés dans leur décor d'*intrecciato* constituent leur produit emblématique et qu'elles réalisent, grâce à leur communication sur ce produit et à cette renommée, un chiffre d'affaires important. Qu'en faisant le choix de fabriquer, d'offrir à la vente et de vendre un produit qui reprend la même matière, pareillement traitée dans un *intrecciato* quasi identique sur lequel la société Bottega Veneta a construit sa réputation et auquel elle a su attacher sa clientèle, la société Le Tanneur a détourné à son profit la notoriété acquise par le produit des sociétés Bottega Veneta et généré un risque de confusion dans l'esprit de la clientèle.

Que, ce faisant, elle a commis un acte de concurrence déloyale »[55].

I-De l'action en contrefaçon de marque

A-Le droit d'action

Naturellement, il se pose la question de savoir qui a le droit d'exercer l'action en contrefaçon en cas d'atteinte d'une marque.

Outre le titulaire du droit de marque, le licencié a le droit d'agir en contrefaçon, sous réserve des règles générales qui

[55] Cour d'appel de Paris, 4 janvier 2011, Le Tanneur & CIE SA/BOTTEGA VENETA INTERNATIONAL SARL (Luxembourg), Bottega Veneta France SAS. https://www.doctrine.fr/d/CA/Paris/2011/INPID20110019.

régissent l'action en justice (application combinée des critères de l'intérêt et de la qualité pour agir).

Celui qui désire agir en justice peut choisir entre la voie civile ou celle pénale.

Dans le cas où il veut joindre les deux procédures, la voie pénale est celle qu'il convient de suivre. En effet, en vertu des règles fondamentales de procédure, le juge pénal peut statuer sur les intérêts civils. Le contraire n'est pas valable.

Dans un cas comme dans l'autre, le demandeur en contrefaçon peut, à titre conservatoire ou probatoire, faire précéder son action d'une saisie contrefaçon.

Cette procédure spéciale est prévue par l'article 48 de l'annexe 3. Peuvent procéder à une saisie contrefaçon le titulaire de la marque ou le titulaire d'un droit exclusif d'usage, autrement dit un licencié à titre exclusif ou la société pour laquelle un apport est effectué.

B-Les sanctions pénales

Les atteintes à un droit de marque sont sanctionnées pénalement. Les peines sont de nature pécuniaire ou privatives de liberté.

L'article 37 de l'annexe 3 prévoit une amende allant de 1 000 000 à 6 000 000 de FCFA et d'un emprisonnement de trois (3) mois à deux (2) ans. Des termes de l'article 37, il ressort que les sanctions sont cumulatives et non alternatives.

À notre sens, il s'agit d'une maladresse rédactionnelle, le juge devrait pouvoir exercer sa discrétion dans le choix des peines appropriées à la cause pour laquelle il est saisi.

C-Les sanctions civiles

L'action en contrefaçon aurait eu peu d'effets si les intérêts privés ou civils n'avaient pas été protégés. En vérité, la protection n'est réellement assurée qu'à travers sa fonction indemnitaire. Nul besoin de développer parallèlement une action en responsabilité civile, l'action en contrefaçon est suffisante à ce sujet. Mais la seule atteinte n'est pas suffisante pour le prononcé d'une réparation. Il faut nécessairement un préjudice résultant de l'atteinte. Il ne faudrait pas non plus confondre les amendes, qui sont des peines répressives, avec les dommages et intérêts, qui ont une fonction réparatrice.

S'agissant des montants, la fixation d'une amende est fonction de la gravité de l'acte délictuel, alors que celle d'une réparation ne prend en compte que l'étendue du préjudice causé.

Pour la rendre efficiente, le juge peut accompagner sa décision d'une injonction aux fins de cessation assortie d'astreinte par jour de retard.

Le juge peut également faire confisquer les objets contrefaits ou, plus efficacement, la machinerie et l'outillage utilisés pour réaliser des atteintes.

II-De l'action en contrefaçon de brevet

L'action vise les mêmes finalités punitives et comminatoires qu'en matière de marque. Aussi, les critères déjà évoqués à ce sujet sont applicables *mutatis mutandis*.

A-Le droit d'action

Le droit d'agir en contrefaçon est une prérogative du titulaire du brevet. Ce droit peut naturellement être exercé par un cessionnaire pour tous actes postérieurs à la cession. Quant au licencié, il ne peut agir que s'il bénéficie d'une clause d'exclusivité sur le territoire où a eu lieu la cause d'action et à la condition de servir au propriétaire une mise en demeure infructueuse.

S'agissant du ministère public, il peut agir par voie correctionnelle. Mais il ne peut agir valablement que pour faire suite à une plainte. L'acte introductif d'instance requiert nécessairement une plainte : il n'y a pas de pouvoir d'auto-saisine du ministère public. On comprend parfaitement cette limitation procédurale en ce que l'ordre public concerné est de protection et non de direction.

B-Les sanctions civiles

Elles sont les mêmes qu'en matière de marque. Il s'agit essentiellement de la réparation du préjudice et, le cas échéant, d'une ordonnance aux fins de cessation. Il convient de rappeler à nouveau que contrairement à l'action en responsabilité civile, la démonstration d'un préjudice n'est pas nécessaire pour que l'action prospère. En vérité, il faut nécessairement une évaluation du préjudice pour pouvoir entrer en voie de condamnation pour dommages et intérêts. Mais le caractère composite de l'action fait que le gel de la dimension indemnitaire n'empêche pas le juge d'agir sur d'autres aspects de l'action en contrefaçon. Il en est ainsi des injonctions aux fins de cessation.

C-Les sanctions pénales

Le délit de contrefaçon de brevet est pénalement puni d'une amende de 1 000 000 à 3 000 0000 de FCFA.

En cas de récidive, il peut être prononcé, outre l'amende, un emprisonnement d'un mois à six mois.

Il y a récidive s'il y a eu, dans les cinq années antérieures, une condamnation pour un délit de contrefaçon de brevet.

Sous-partie III : La protection par le contrôle des prix et la répression des pratiques de prix illicites

Dans cette rubrique, les développements seront consacrés aux pratiques dites restrictives de prix, lesquelles sont des infractions pénalement réprimées. On remarque que la désignation de ces pratiques n'est pas des plus heureuses, si l'on compare avec les pratiques anticoncurrentielles.

En vérité, toutes ces pratiques sont anticoncurrentielles. C'est le législateur français qui est à l'origine de la notion de « pratiques restrictives ». En réalité, les pratiques restrictives relèvent de la protection des concurrents et les pratiques anticoncurrentielles du marché de concurrence. La dissociation est simplement arbitraire, mais facilite la compréhension des motifs qui président à l'action envisagée.

Ces pratiques dites restrictives sont généralement des pratiques tarifaires.

Aussi, dans le même cadre, seront examinées la réglementation des prix et la répression des pratiques de prix illicites.

CHAPITRE I

DE CERTAINES PRATIQUES TARIFAIRES

Les pratiques tarifaires sont abusivement rangées dans le titre de la protection des concurrents. En effet, la répression de ces pratiques abusives répond d'abord et avant tout à un besoin d'encadrement et de régulation du marché, même si les intérêts des concurrents ne sont pas absents dans les motifs qui y président.

SECTION I :
LA DISCRIMINATION DE PRIX

La discrimination est une distinction dans le traitement de deux sujets de droit. Toutes les distinctions ne sont pas discriminatoires. Sont discriminatoires les distinctions contraires aux libertés publiques et à l'ordre public et qui ne sont pas rachetables par des objectifs de politique publique.

Rapporté au droit de la concurrence, est discriminatoire tout traitement inégalitaire qui est de nature à fausser ou à réduire le libre jeu de la concurrence, envisagé sous l'angle de l'ordre public de direction du marché. Une telle pratique est également discriminatoire en considération de la liberté du commerce et d'industrie.

En matière de concurrence, la discrimination se manifeste le plus souvent par des pratiques tarifaires préjudiciables à certains joueurs.

Dans une étude réalisée par la Cour de cassation française[56], les éléments constitutifs de la discrimination de prix sont classés en fonction de la relation entre les parties, d'une part, et des causes et effets, d'autre part.

Dans la première catégorie, il faut retenir l'indifférence de la nature juridique de l'auteur. Toutefois, il doit nécessairement exister une situation de concurrence entre la victime et le bénéficiaire.

Ces critères sont complétés par l'absence d'une justification et l'existence d'un désavantage ou d'un avantage dans le jeu concurrentiel.

En droit sénégalais, l'article 28 de la loi 94-63 dispose qu'« il est interdit à tout producteur, commerçant, industriel, isolé ou en groupe de pratiquer des conditions discriminatoires de vente qui ne sont pas justifiées par les différences de prix de revient de la fourniture ou du service ».

En réalité, toutes les discriminations tarifaires ne sont pas prohibées. Le monde du commerce est traversé par des dynamiques évolutives et des stratégies de vente qui s'accommodent difficilement avec une égalité trait pour trait.

Pour que l'infraction soit constituée, on considère généralement l'absence de justification. Dans certains cas, le traitement différencié est « rachetable ».

En droit sénégalais, le rachat de la discrimination opère quand le traitement différencié est justifiable par les différences de prix de revient.

---

[56] https://www.courdecassation.fr/publications_26/rapport_annuel_36/rapport_2008_2903/etude_discriminations_2910/discriminations_prohibees_2913/discriminations_droit_economique_2915/elements_constitutifs_discrimination_12137.html

Aux termes de l'article 28 susvisé, la discrimination peut se justifier par le prix de revient. Mieux, ladite loi prévoit une présomption de non-discrimination dans le cas où les réductions commerciales ou prestations concernées figurent dans les conditions générales de vente.

Pour notre part, nous tenons pour acceptables toutes les situations de discrimination justifiables par des contre-parties réelles.

Pour mieux prévenir les faits de discrimination commerciale, la loi met à la charge des opérateurs économiques une obligation de renseignement au profit de la clientèle professionnelle.

Ainsi, elle précise que « tout producteur, grossiste ou importateur est tenu de communiquer à tout vendeur qui en fait la demande, son barème de prix et ses conditions générales de vente. Celles-ci comprennent les conditions de règlement et, le cas échéant, les rabais et les ristournes accordés ».

Ces obligations d'information sont aussi des obligations de transparence qui participent de l'égalité de traitement des concurrents. Tout traitement favorable ou défavorable est de nature à fausser le jeu de la concurrence et d'affecter la liberté du commerce et de l'industrie, tel que conçu par le droit révolutionnaire français et consacré par le droit sénégalais.

Dans la position de clients, les concurrents d'un secteur bénéficient des mêmes droits que les consommateurs.

En effet, l'article 28 renvoie à l'article 33 pour les modalités d'exécution de l'obligation de transparence et de renseignement.

Et, aux termes de cette disposition, constituent les règles d'information « notamment la publicité de prix, l'affichage, le marquage, l'étiquetage, la communication des barèmes de prix et des conditions générales de vente ou tout procédé approprié ». Et elle ajoute qu'« il est également exigé le respect des règles en matière de facturation ».

En droit ivoirien, la pratique discriminatoire de prix n'est pas constitutive que d'une faute civile. Elle engage donc la responsabilité de son auteur, s'il en résulte un préjudice conséquent pour un acteur du marché.

A priori, on peut considérer qu'il n'y a aucun intérêt à légiférer sur cette question, si le but est de simplement la soumettre au régime de droit commun de la responsabilité civile.

En réalité, l'intérêt est certain, et ce, du fait qu'il y a une présomption de faute. La faute étant présumée, l'administration de la preuve en est facilitée. Elle va surtout porter sur le préjudice et le lien de causalité.

Malgré tout, il est regrettable qu'une pratique aussi néfaste que la discrimination de prix soit soustraite au champ de la répression pénale.

En jurisprudence française, le renversement de la charge de la preuve dépasse la faute et couvre le préjudice. En réalité, c'est tout simplement une présomption de responsabilité. Ainsi, il a été décidé que « le fait pour un producteur de consentir à un partenaire économique des prix, des délais de paiement, des conditions de vente ou des modalités de vente ou d'achat discriminatoires et non justifiés par des contreparties réelles, crée pour ce partenaire un avantage dans la concurrence, sans qu'il y ait lieu pour l'administration ou pour l'opérateur, qui n'a pas bénéficié de ces mêmes avantages, de démontrer l'existence du préjudice que ces pratiques illicites ont causé, qu'en rejetant les demandes du ministre de l'Économie tendant à ce que soit constatée l'existence de ces pratiques illicites et à les faire cesser et en rejetant la demande en dommages et intérêts de la société Phytoservice sans examiner l'étendue du montant de son préjudice en se référant aux avantages consentis à ses concurrents, la cour d'appel a violé le texte »[57].

SECTION II : L'IMPOSITION D'UN PRIX MINIMUM DE VENTE

La pratique du prix minimum de vente a pour origine le souci de certains détenteurs de marques sur des produits de luxe de préserver la réputation de la marque et d'éviter sa banalisation. En fait, il s'agit de réserver l'accès à ces produits marqués à une clientèle de la haute société. Il en est ainsi des marques de parfum et de vêtements. Ce souci a été pendant longtemps légitimé par la jurisprudence française. Mais le législateur français est intervenu pour protéger la liberté des revendeurs et leur droit de fixer les prix en fonction de ceux pratiqués par les concurrents, s'agissant des produits similaires. Aussi, le Code du commerce français sanctionne pénalement l'imposition de prix de revente.

En droit sénégalais, l'article 28 de la loi 94-63 interdit « de maintenir ou d'imposer un caractère minimum aux prix des produits et des prestations de services ou marges commerciales, soit au moyen de tarif ou de barème, soit en vertu de pratiques collectives ou individuelles quelle qu'en soit la nature ou la forme ».

Le dernier membre de phrase de l'article 28 est loin d'être clair.

En droit national ivoirien, l'imposition de prix est au nombre des pratiques restrictives de concurrence constitutives de faute pénale.

[57] Cass.com 6 avril 1999, CIBA-GEIJY/phytoservices, in legifrance.

Il en résulte qu'elle est considérée comme étant un comportement répréhensible, mais pas seulement dommageable pour les concurrents.

Pour notre part, nous considérons que toute pratique de prix minimum est une entente *a priori* illicite. Par conséquent, les voies et recours prévus à cet effet pourraient être déclenchés devant la commission de la concurrence de l'UEMOA.

SECTION III : LA VENTE À PERTE

S'inspirant du droit dit spécifique français en matière de concurrence (les dispositions du Code du commerce relatives aux pratiques restrictives, en l'occurrence l'article L-442-2), la loi 94-63 interdit, en son article 30, les ventes à perte. Avant d'aborder le contenu de l'interdiction, il conviendrait de signaler que son esprit relève à la fois de la protection des concurrents et de la protection du marché. En effet, cette pratique restrictive est le plus souvent une déloyauté visant à entraîner des réductions en cascade, en vue d'essouffler les concurrents et les pousser à se retirer d'un secteur.

A priori, le marché concurrentiel en tant que finalité devrait en profiter. Mais en réalité, de telles pratiques sauvages perturbent le marché et restreignent, à terme, la concurrence.

S'agissant de son contenu, l'interdiction est formulée ainsi qu'il suit : « est interdite la revente de tout produit à un prix inférieur à son prix de revient, déductions faites des réductions commerciales consenties par le fournisseur au moment de l'achat ».

Le prix de revient ci-dessus visé par le législateur sénégalais, correspond à la notion de droit français du « prix effectif ». Et la grande difficulté pour le juge, en l'espèce, est de calculer ledit prix effectif ou prix de revient. En effet, la complexification des relations de partenariat d'affaires combinée aux multiples taxes, rendent incertaine la détermination de ce montant dans une facture.

En droit français, le législateur a essayé de fixer des critères de détermination du prix effectif, en précisant que « le prix d'achat effectif est le prix unitaire net figurant sur la facture d'achat, majoré des taxes sur le chiffre d'affaires, des taxes spécifiques afférentes à cette revente et du prix du transport et minoré du montant de l'ensemble des autres avantages financiers consentis par le vendeur, exprimés en pourcentage du prix unitaire net du produit ».

Le législateur sénégalais a fait l'économie de cet exercice laborieux, mais l'autorité de la concurrence, elle, ne saurait se soustraire à cette contrainte. Probablement que, le cas échéant, l'autorité de la concurrence s'inspirera du texte français et de son application jurisprudentielle.

À ce sujet, il conviendrait de noter que l'exercice requiert la prise en compte d'un certain nombre d'avantages liés à la coopération commerciale, notamment ceux dits « marges arrières ». Il y aura nécessairement un balancement de l'arrière vers l'avant de ces marges pour fixer le prix d'achat effectif avec une relative précision.

Par « marges arrières », il faut entendre toute ristourne octroyée en pourcentage du prix initial et ce dans le cadre de la coopération commerciale entre entreprises.

La contrepartie de ladite ristourne peut consister en :

• un volume de vente réalisé sur une période déterminée ;

• la réalisation d'un objectif de progression des ventes ;

• une visibilité et un espace de choix attribués aux produits dans les rayons du distributeur ou dans sa documentation publicitaire (prospectus…), etc.

Outre ces déductions qui tempèrent la sévérité de l'interdiction de vente à perte, celle-ci souffre de quelques dérogations.

En droit sénégalais, l'article 31 de la loi 94-63 prévoit un certain nombre de cas où l'article 30 n'est pas applicable à des reventes à perte. Il s'agit notamment :

• de la vente de produits périssables menacés d'atteinte d'altération ;

• des ventes motivées par le changement ou la cessation d'activité commerciale ;

• des ventes des produits dépassés en raison de l'évolution de la mode ou des techniques ;

• des ventes promotionnelles autorisées par le ministre en charge du Commerce.

La liste de l'article 31 de la loi 94-63 étant indicative, on peut penser, sans grands risques, que d'autres exceptions comme celles connues en droit français, notamment les exceptions d'alignement de prix, pourraient prospérer comme moyens de défense.

CHAPITRE II

DU REFUS DE VENTE

A priori, il est étonnant que le législateur d'un marché libéralisé s'intéresse au refus de vente.

D'ailleurs, refuser de vendre pourrait être considéré comme l'exercice d'une liberté.

Ce serait ignorer, d'une part, les logiques frauduleuses qui président assez souvent au refus de vente, lesquelles visent à manipuler la concurrence, et, d'autre part, l'esprit du droit de la concurrence, lequel vise ultimement à assurer une concurrence **saine et loyale** entre les offreurs et au regard des intérêts des consommateurs.

SECTION I
DU CARACTÈRE FRAUDULEUX DU REFUS DE VENTE

Le refus de vente a souvent été utilisé par des producteurs ou des distributeurs pour manipuler les dynamiques objectives du marché et pour créer des distorsions à effets préjudiciables sur les prix, notamment par des pénuries artificielles.

Une entreprise qui occupe une position stratégique, même si elle n'est pas dominante, peut utiliser ce levier contre ses concurrents.

Mais il convient de souligner qu'à l'origine, le but recherché était de protéger les consommateurs. Encore une fois, la protection du consommateur est relativement indissociable de la protection des concurrents, d'autant plus que les concurrents sont aussi, dans le processus de production, des consommateurs pour les *inputs* des produits qu'ils offrent.

SECTION II
DE L'INTERDICTION ET DE LA SANCTION DU REFUS DE VENTE

Conscient du danger de cette pratique, le législateur français a interdit le refus de vente depuis 1940[58].

Cette interdiction fut reprise dans l'ordonnance de 1986.

Malheureusement, ces agissements furent dépénalisés et donc soustraits du régime de la répression. Aujourd'hui, pour agir dans ce domaine, il faut, sauf exception, passer par le régime de droit commun de la responsabilité civile. Il en résulte que le motif légitime est un moyen de défense admissible.

Le refus de vente entre professionnels est donc toléré. Mais il ne faudrait pas que cela résulte de l'exploitation abusive d'une position dominante. En ce cas, il est un élément constitutif de la pratique anticoncurrentielle[59].

En droit québécois, pour agir utilement contre un refus de vente, le plaignant doit faire la preuve de l'absence d'une solution de rechange. Manifestement, il s'agirait de faire valoir la liberté du commerce et d'industrie.

En ce cas, le tribunal peut ordonner à un ou plusieurs fournisseurs de satisfaire la demande aux conditions du marché.

---

[58] Loi du 21 octobre 1940.

[59] L'article L402 du Code du commerce dispose qu'« est prohibé dans les conditions prévues par l'article L420-1, l'exploitation abusive par une entreprise ou un groupe d'entreprises d'une position dominante sur le marché intérieur ou une partie substantielle de celle-ci. Ces abus peuvent notamment consister en un refus de vente ».

Toutefois, malgré la généralité des termes de la loi sur la concurrence, la jurisprudence a exclu la propriété intellectuelle du champ de la sanction pour refus de vente ; la sélectivité est prégnante dans ce domaine.

En droit sénégalais, la pratique est interdite sous le régime des prohibitions de concurrence. Ainsi, l'article 28 de la loi de 1994 dispose qu'« il est interdit (...) de refuser de satisfaire aux demandes des acheteurs de produits ou aux demandes de prestations de services, lorsque ces demandes ne présentent aucun caractère anormal, qu'elles émanent de demandeurs présentant la garantie technique commerciale ou de solvabilité nécessaires et que la vente de produit ou la prestation de services n'est pas interdite par les lois et règlements en vigueur ».

En réalité, l'interdiction est plus vaste que le refus de vente *stricto sensu*, elle porte sur le refus de contracter et couvre, entre autres, les prestations de service.

Dans le fond aussi, ce n'est pas le refus de vente qui est interdit dans l'absolu, mais le refus de vente non justifiable, le refus illicite, celui qui est illicite eu égard à l'intention de nuire ou simplement à la déraisonnabilité.

On constate également que, même si le législateur sénégalais a maintenu le caractère délictuel pénal du refus de vente, à l'instar de son homologue français, il prévoit implicitement des motifs légitimes de refus. Il en est ainsi de l'insolvabilité du demandeur et d'autres motifs tels que l'absence de capacités techniques ou commerciales requises dans certains domaines particuliers.

Malgré tout, la répression peut opérer à travers l'article 225-2 du Code pénal français, si le refus de vente est fondé sur une discrimination tenant, notamment, à la race, à la croyance ou l'état physique.

L'article 26 ci-dessus visé, précise, s'agissant de la preuve, que « le refus de vente peut être constaté par tout moyen et notamment par une mise en demeure sous forme de lettre recommandée ou par procès-verbal dressé par tout agent à cet effet ». Nul doute qu'il s'agit des constatations effectuées par les agents assermentés de la direction du commerce et, accessoirement, des agents de police judiciaire, de la police nationale et de la gendarmerie.

Il faut également préciser que la poursuite de la répression de cette infraction ne dépend pas exclusivement de la volonté des concurrents lésés.

En effet, procédant de la préservation de l'ordre public, le retrait d'une plainte n'est pas de nature à faire obstacle à la poursuite par les soins de l'administration commerciale.

Le refus de vente peut aussi ressortir d'une entente illicite ou de l'exploitation abusive d'une position dominante, en ces cas, les règles de l'UEMOA s'appliquent aux fins de répression de la pratique.

Quid alors des règles de la loi de 1994 ?

Sans aucun doute, elles deviennent, dans de tels cas, sans effets, la répression d'une pratique anticoncurrentielle relevant exclusivement de la compétence de l'UEMOA.

Mais la question n'est pas simple. Si la compétence de l'UEMOA exclut la compétence nationale en matière de répression des pratiques anticoncurrentielles, rien n'est prévu au titre des pratiques dites restrictives.

Pour notre part, le principe *non bis in idem* empêche l'application concurrente de deux mesures répressives pour les mêmes faits. Au demeurant, il semble logique que la répression d'une pratique anticoncurrentielle emporte répression d'une pratique restrictive, si les mêmes faits sont constitutifs des deux infractions.

En revanche, il est certain que pour bonifier l'action, il conviendrait d'agir en responsabilité civile, et ce, sous le régime défini par le Code des obligations civiles et commerciales.

Bibliographie indicative

I- OUVRAGES

D. Mainguy, J.-L. Respaud et M. Depincé, *Droit de la concurrence*, Paris, éditions Lexis Nexis, 2010.

M. Malaurie-Vignal, *Droit de la concurrence interne et européen*, Paris, éditions Sirey, 2011.

C. Grynfogel et J. Marthan, *L'essentiel du droit de la concurrence*, Paris, éditions Gualino, coll. « Carrés rouge », 2010.

K. A. Ndour (Maître), *La portée du droit conféré à l'obtenteur sur le développement agricole : le cas des pays en développement*, Montréal, Lotus Bleu, 2007.

A. Chavanne et J.-J. Burst, *Droit de la propriété industrielle*, Paris, Précis Dalloz, 2016.

La Collection du droit, éditions 2014 à 2016, barreau du Québec, Montréal.

II- SOURCES NORMATIVES

Loi 94-63 du 22 août 1994 sur les prix, la concurrence et le contentieux économique ;

Code des Obligations Civiles et Commerciales du Sénégal ;

Code Pénal du Sénégal ;

Code du Travail du Sénégal ;

Code du Commerce de FRANCE ;

Code Civil du Québec, CANADA ;

Actes Uniformes de l'OHADA ;

Traité de l'UEMOA, règlements et directives ;

Traité de la CEDEAO et actes additionnels.

Table des matières

PARTIE II

DE LA PROTECTION DU MARCHÉ

PARTIE III

LA PROTECTION DES CONCURRENTS

Le Sénégal

aux éditions L'Harmattan

Dernières parutions

L'ESTHÉTIQUE SOCIALE DES PULAAR
Socioanalyse d'un groupe ethnolinguistique
Sy Harouna
L'esthétique sociale pulaar est une mise en ordre éthique de la vie sociale. Elle est l'inventaire systématique de ce qu'il y a de beau et de laid dans le social relativement à ses valeurs, à ses normes, à ses règles et à ses codes qui commandent des postures, des relations, des rapports et des qualités appropriés. L'analyse des contradictions de la société pulaar du Fuuta Tooro a révélé des logiques et des stratégies fondées sur des rapports de castes et sur les représentations sociales que ces rapports produisent.
(31.00 euros, 304 p.)
ISBN : 978-2-343-11189-6, ISBN EBOOK : 978-2-14-002810-6

LE BAYNUNK GUNAAMOLO, UNE LANGUE DU SUD DU SÉNÉGAL
Analyse phonologique, morphologique et syntaxique
Diop Sokhna Bao - Préface de Denis Creissels
Le Sénégal est un pays multilingue avec des langues majoritaires et des langues minoritaires, de par le nombre de leurs locuteurs, mais également de par la quantité de travaux dont chacune dispose. Les langues majoritaires ont fait l'objet de nombreuses recherches, à la différences des langues minoritaires. Ce constat est à l'origine du choix porté sur la description de la variante gunaamolo du baynunk (parlé au sud du Sénégal, plus précisément à Niamone, dans la région de Ziguinchor) qui est une langue en danger très peu décrite. L'utilité et l'intérêt de ce travail résident dans la sauvegarde et la connaissance de cette langue et sa communauté. Elle peut servir aussi de référence à des recherches futures.
(Coll. Études africaines, 38.50 euros, 392 p.)
ISBN : 978-2-343-09614-8, ISBN EBOOK : 978-2-14-002913-4

DE L'HÉRITAGE ARABO-ISLAMIQUE SAINT-LOUISIEN
Une illustration par les œuvres d'Abbas Sall et d'Abdoulaye Fall Magatte
Fall Cheikh Tidiane - Préface de Samba Dieng et Postface de Mouhamed Habib Kébé
Cet ouvrage porte sur la réhabilitation du legs culturel arabo-islamique ouest-africain en général et saint-louisien en particulier. Revaloriser un pan du patrimoine culturel par l'entremise de l'imagination poétique locale de deux intellectuels demeure l'objectif principal de cette étude. Une partie descriptive

constituée de la traduction d'une cinquantaine de poèmes suivie d'un volet analytique constitue la méthodologie de ce travail de recherche. La moisson tirée de ce travail préliminaire apporte quelques éclairages sur l'intérêt de la traduction de manuscrits arabes, notamment ceux produits par d'éminents ulémas du Sénégal, tels les deux poètes faisant l'objet de cette étude.
(Harmattan Sénégal, 35.00 euros, 340 p.)
ISBN : 978-2-343-11306-7, ISBN EBOOK : 978-2-14-003014-7

L'AGRICULTURE DU SÉNÉGAL SOUS LA COLONISATION
Diop Ismaïla
L'introduction de l'arachide au Sénégal au début du XXe siècle révolutionne le paysage agricole. La France décide alors de faire du Sénégal une colonie arachidière. Le Sénégal devient la troisième puissance arachidière du monde après les États-Unis et l'Inde. Cette monoculture extensive aboutit à un déficit vivrier chronique, une dégradation des sols, une dépendance vis-à-vis des importations de riz en provenance d'Asie. Pour y remédier, le rapport de la mission Roland Portères de 1952 recommande des mesures d'aménagement du territoire, de restauration des sols, de promotion de l'agriculture intégrée sérère.
(Harmattan Sénégal, 23.50 euros, 218 p.)
ISBN : 978-2-343-11129-2, ISBN EBOOK : 978-978-2-14-002836-6

CASAMANCE
À quand la paix ?
Bassène René Capain – Préface du père Nazaire Diatta
Malgré leur volonté et leur engagement affichés d'aller vers la fin du conflit armé en Casamance, la position des parties en guerre n'a jamais réellement évolué. L'État du Sénégal se dit prêt à négocier sur tous les points, sauf sur ceux relatifs à l'intégrité territoriale et l'unité nationale, alors que, de son côté, le MFDC soutient une position contraire en déclarant être disposé à ne négocier que sur la question se rapportant à l'indépendance totale de la Casamance. Cette situation montre que le conflit armé est encore loin de finir en Casamance.
(28.50 euros, 276 p.)
ISBN : 978-2-343-10426-3, ISBN EBOOK : 978-2-14-002593-8

PARCOURS D'UN JOURNALISTE AUTODIDACTE
Ndiaye Pape Ngagne
Préface de Mamoudou Ibra Kane
Pape Ngagne Ndiaye, par son style, est devenu un rendez-vous incontournable de l'espace audiovisuel sénégalais. L'émission «Faram Faccce» qu'il anime présentement sur TFM est très courue des hommes et femmes politiques pressés de se soumettre au feu roulant et nourri des questions du redoutable interviewer, unique dans son genre. Ce livre n'est pas seulement une autobiographie, mais aussi une réflexion thématique et une sélection rigoureuse de certains numéros de la célèbre émission qui se veut «un décryptage des questions majeures de l'actualité nationale».
(37.00 euros, 360 p.)
ISBN : 978-2-343-09916-3, ISBN EBOOK : 978-978-2-14-002822-9

DES FRANCENABE AUX MODOU-MODOU
L'émigration sénégalaise contemporaine
Fall Papa Demba - Préface du Professeur Abdoulaye Bara Diop
Principalement centré sur la France et ses anciennes colonies d'Afrique, le champ migratoire sénégalais s'est, de manière originale, progressivement étendu à des destinations naguère méconnues ou peu fréquentées (comme les États-Unis, l'Italie, l'Espagne, l'Afrique du Sud ou le Brésil). Peu à peu, les migrants sont devenus des acteurs incontournables du développement. La prise en compte de ces populations, et de leurs mouvements, devient donc nécessaire aux programmes et politiques de développement durable.
(Harmattan Sénégal, 40.00 euros, 559 p., Illustré en noir et blanc)
ISBN : 978-2-343-10796-7, ISBN EBOOK : 978-2-14-002539-6

«DOYEN» AMADY ALY DIENG, LE TRANSMETTEUR INTÉGRAL (1932-2015)
Économie biographique ou sémio-Histoire
Ngaïdé Abdarahmane
Amady Ali Dieng nous a quittés il y a un an. Pour lui rendre hommage et s'en rappeler les enseignements, l'auteur de cet ouvrage a décidé de compiler ses nombreux écrits ou interventions. Les quatorze textes qui composent cette anthologie sont représentatifs et significatifs de la personnalité, du style et des préoccupations d'Amady Ali Dieng. On y retrouve son style, son humour et son esprit critique.
(Harmattan Sénégal, 23.50 euros, 228 p., Illustré en noir et blanc)
ISBN : 978-2-343-10855-1, ISBN EBOOK : 978-2-14-002561-7

41 RULES TO BE HAPPY
Kane Babaly
Seeing that happiness is the goal towards which all men strive for, the author wrote this book to help the reader in treasuring the joyous of life and realizing his desires in entirety, to be fulfilled, to claw his way to the top and to assure him it will turn out well in the end. Moreover, this book intends to give the keys us to get the secret for reaching we want in this life. 41 rules to be happy is a little self help book which has 41 rules that are meant to allow every reader to live life in full potential.
(Harmattan Sénégal, 14.50 euros, 138 p.)
ISBN : 978-2-343-10904-6, ISBN EBOOK : 978-2-14-002583-9

SÉNÉGAL
Les limites du Plan Sénégal Émergent
Mansour Samb El Hadji
Cet ouvrage présente une analyse profonde des politiques publiques en décortiquant le Plan Sénégal Émergent (PSE) qui jusque-là n'a fait l'objet d'aucune analyse critique sérieuse. Le Sénégal est face à un défi, le défi de son émergence, un défi qu'il compte relever avec tous ses fils. Ce défi qui mobilise aujourd'hui tout le monde doit nous pousser à proposer de nouveaux chemins et à animer un débat nécessaire et incontournable dans tout processus d'émergence.
(Harmattan Sénégal, 27.00 euros, 276 p.)
ISBN : 978-2-343-09721-3, ISBN EBOOK : 978-2-14-002372-9

SÉNÉGAL
Dynamiques paysannes et souveraineté alimentaire
Le procès de production, la tenue foncère et la naissance d'un mouvement paysan
Diop Amadou Makhouredia
Préface d'Yves Guillermou ; Postface de Fodé Niang
Le présent ouvrage contribue à la compréhension des stratégies développées par la petite paysannerie et les dynamiques qui animent les exploitations agricoles familiales permettant la production de biens nécessaires à l'alimentation et l'entretien des familles. La capacité des paysans à prendre en main leurs propres préoccupations a été mise en évidence par l'émergence d'organisations, de groupements, d'associations et d'unions dans tout l'espace rural sénégalais.
(Harmattan Sénégal, 26.00 euros, 256 p.)
ISBN : 978-2-343-10852-0, ISBN EBOOK : 978-2-14-002457-3

HISTOIRE ET SOCIOLOGIE DES RELIGIONS AU SÉNÉGAL
Tamba Moustapha
Le Sénégal reste une exception dans le domaine religieux : 90 % de musulmans, 5 % de chrétiens et 5 % d'adeptes de l'animisme. C'est aussi le pays où les musulmans et les catholiques partagent le même cimetière, où les conjoints partagent des religions différentes, où les écoles privées catholiques comptent 60 à 70 % d'élèves de confession musulmane, etc. Ce phénomène n'est pas dû au hasard. L'histoire et la sociologie des religions permettent de l'expliquer amplement. Cet ouvrage souligne cette exception sénégalaise pour montrer qu'au moment où notre monde est en proie au fanatisme, à l'intolérance et au terrorisme religieux, le Sénégal propose un autre « modèle ».
(Coll. Études africaines, série Economie, 41.00 euros, 426 p.)
ISBN : 978-2-343-10424-9, ISBN EBOOK : 978-2-14-002506-8

FIGURES DU POLITIQUE ET DE L'INTELLECTUEL AU SÉNÉGAL
L.S. Senghor - M. Dia - A. Ly - CH. A. Diop A. Diouf & F. Mitterrand - J.R. De Benoist - A. Seck - TH. Fall - A. M. Samb - A.M. Samb JR - TH. Monod - H. Bocoum - G. R. Thilmans
Samb Djibril
Cet ouvrage réunit des personnalités politiques et/ou intellectuelles très diverses : Léopold Sédar Senghor, l'Immortel Noir ; Mamadou Dia, le brillant économiste ; François Mitterrand et Abdou Diouf, deux experts politiques, ou encore Théodore Monod, le savant probe. Ces figures sont autant de coryphées auxquels l'auteur a voulu rendre hommage, afin de rappeler que la terre africaine du Sénégal ne manque pas de princes de l'esprit ni de nourriture intellectuelle.
(26.00 euros, 266 p.)
ISBN : 978-2-343-10731-8, ISBN EBOOK : 978-2-14-002513-6

L'HARMATTAN ITALIA
Via Degli Artisti 15; 10124 Torino
harmattan.italia@gmail.com

L'HARMATTAN HONGRIE
Könyvesbolt ; Kossuth L. u. 14-16
1053 Budapest

L'HARMATTAN KINSHASA
185, avenue Nyangwe
Commune de Lingwala
Kinshasa, R.D. Congo
(00243) 998697603 ou (00243) 999229662

L'HARMATTAN CONGO
67, av. E. P. Lumumba
Bât. – Congo Pharmacie (Bib. Nat.)
BP2874 Brazzaville
harmattan.congo@yahoo.fr

L'HARMATTAN GUINÉE
Almamya Rue KA 028, en face
du restaurant Le Cèdre
OKB agency BP 3470 Conakry
(00224) 657 20 85 08 / 664 28 91 96
harmattanguinee@yahoo.fr

L'HARMATTAN MALI
Rue 73, Porte 536, Niamakoro,
Cité Unicef, Bamako
Tél. 00 (223) 20205724 / +(223) 76378082
poudiougopaul@yahoo.fr
pp.harmattan@gmail.com

L'HARMATTAN CAMEROUN
BP 11486
Face à la SNI, immeuble Don Bosco
Yaoundé
(00237) 99 76 61 66
harmattancam@yahoo.fr

L'HARMATTAN CÔTE D'IVOIRE
Résidence Karl / cité des arts
Abidjan-Cocody 03 BP 1588 Abidjan 03
(00225) 05 77 87 31
etien_nda@yahoo.fr

L'HARMATTAN BURKINA
Penou Achille Some
Ouagadougou
(+226) 70 26 88 27

L'HARMATTAN SÉNÉGAL
10 VDN en face Mermoz, après le pont de Fann
BP 45034 Dakar Fann
33 825 98 58 / 33 860 9858
senharmattan@gmail.com / senlibraire@gmail.com
www.harmattansenegal.com

L'HARMATTAN BÉNIN
ISOR-BENIN
01 BP 359 COTONOU-RP
Quartier Gbèdjromèdé,
Rue Agbélenco, Lot 1247 I
Tél : 00 229 21 32 53 79
christian_dablaka123@yahoo.fr

Achevé d'imprimer par Corlet Numérique - 14110 Condé-sur-Noireau
N° d'Imprimeur : 137708 - Dépôt légal : avril 2017 - *Imprimé en France*

www.ingramcontent.com/pod-product-compliance
Lightning Source LLC
LaVergne TN
LVHW010924061026
849535LV00007B/2228